AF595489

Reflexiones políticas del padre Bazalar para el Perú

Tomo I

Luis Alejandro Bazalar García

Jonjurasjalla kausaimantaja wañuimi aswan allin

EDIQUID

REFLEXIONES POLÍTICAS DEL PADRE BAZALAR
PARA EL PERÚ
Tomo I

Editado por: Corporación Ígneo, S.A.C.
para su sello editorial Ediquid
José Olaya 169, Ofic. 504, Miraflores. Lima, Perú
Primera edición, marzo, 2024

ISBN: 978-612-5142-28-3
Impresión bajo demanda

Hecho el Depósito Legal en la Biblioteca Nacional del Perú N° 2024-01593
Se terminó de imprimir en marzo del 2024

www.grupoigneo.com
Correo electrónico: contacto@grupoigneo.com | Teléfono: +51 955 071 270
Facebook: Grupo Ígneo | X: @editorialigneo | Instagram: @grupoigneo

Colección: Pensamiento

Contenido

A Fray Manuel Jesús Meza Meza. Economista y pedagogo.
Con el amor y la lealtad de un verdadero hijo que siempre
te ha amado, admirado y respetado.

Dedico este libro también al gran Leonidas,
el espartano peruano que, en el silencio ensordecedor,
no ha dejado ni dejará de ser mi apoyo y mi luz.

Gracias, JMCD.

Prólogo a un libro de columnas de un cura sobre el Perú, el racismo y ¿la lucha de clases?

Llama la atención el intento materialista de un sacerdote, un clérigo de la Iglesia Católica, sobre el problema racial en el Perú. Digo que llama la atención porque los sacerdotes, hombres de Dios, que basan su existencia en la fe y no en la evidencia, pues «dichosos aquellos que creen sin haber visto» (Juan 20:29), tenga algunos matices del materialismo.

Ciertamente, en la mayoría de los textos de este libro, el idealismo aún abunda en la mente de mi amigo, el padre Luis Bazalar. Empero, su intento por dar respuesta no solo desde la espiritualidad o la falta de cercanía con las escrituras o con Dios, sino desde la condición existente en la que ocurren los hechos sociales es por demás loable. Por condición existente entendemos circunstancia o situación que ocurre en esta realidad, en este mundo, que es material y nada ocurre en él que no sea materia.

Aunque el padre Luis no llega a asumir estas ideas materialistas, pues aún cree en el alma, el espíritu y en Dios Todopoderoso, sí asume, al menos de modo embrionario, el análisis social desde la materia, desde las circunstancias reales en las que confluyen las vidas de las personas, desde sus relaciones de clase y sociales, relaciones económicas y relaciones políticas. Este materialismo político en pañales le da la claridad para darse cuenta que el problema racial en Perú va más allá de lo cultural.

A pesar de un exagerado peso, a mi criterio, a la población (o, lo que se conoce de manera vulgar, a la raza), acierta a toda ley al responsabilizar a la clase burguesa, de ínfulas aristócratas, la que ha dominado al resto del país que es mestizo, andino, amazónico. Acierta en su visión clasista al identificar al enemigo de clase: la gran burguesía peruana vendepatria y antipatria. En ello, el padre Luis abraza el pensamiento de José Carlos Mariátegui: el problema del indio no es un problema racial sino uno clasista.

Aun así, parece que la razón por la que la burguesía domina y aplasta a las demás clases, clases trabajadoras, entre ellas el campesinado y el proletariado, no es por tal su condición o por una razón económica, material, de razón de subsistencia, sino por la raza, porque son «cholos, indígenas, cobrizos». Me parece un error.

Admiro la tenacidad del padre Luis por colocarse del lado del débil, del pobre, del desvalido, de los que no tienen voz, de los «nadies», lo que lo convierte en un buen seguidor de Cristo, quien propugnaba esa ideología. Pero, justamente por ello, lo étnico-racial, la población, es circunstancial en su sentido más contingente.

El padre Luis parece vacilar aún en su decisión de abrazar con todo lo que implica la lucha de clases y, más aún, la dictadura del proletariado como única forma de romper con tal pugna interclasista. Si mi estimado amigo asumiría esta verdad científica, incluso manteniendo su creencia en Dios y su opción por la fe, tendría mejores análisis sobre la realidad peruana y también mundial (pues lo geopolítico es algo que queda pendiente en sus columnas, aunque últimamente ha estado escribiendo de China en *Diario Uno*).

La imaginación que usa en la construcción de sus textos es de lo más elogiable. Tiene un buen uso de la pluma, por lo que la lectura de este libro es placentera a pesar de lo serios que son los asuntos abordados en cada columna.

Felicito la tenacidad y la valentía de poner estos temas peliagudos sobre la discusión nacional.

Este cura es tan valiente que hasta fue perseguido, según él testimonia, por esta dictadura cívico-militar.

También se ha enfrentado a la jerarquía de la Iglesia católica. Los ha señalado como cómplices de la dominación de la burguesía sobre el pueblo trabajador. Ha puesto en evidencia cómo estos obispos se ensañan con los débiles, los pobres, con quienes alzaron su voz de protesta contra el golpe de Estado que dio el Congreso en contubernio con las Fuerzas Armadas y la PNP. Ha denunciado a esos jerarcas que brindan sus iglesias para que estos asesinos apunten sus armas contra el pueblo.

El padre Luis ha sido «la voz que clama en el desierto» (Juan 1:23). Ese desierto que es la jerarquía católica, tan aburguesada, tan *nostalgique* de sus antiguos feudos, títulos nobiliarios, de sus privilegios para aplastar al pueblo servil; y les duele que este sacerdote, mestizo pero sobre todo pequeñoburgués, les alce la voz y se ponga del lado de (como esa jerarquía rancia considera al pueblo) la chusma, de los ignorantes, de los que defendió en su día Jesús de Nazaret.

Conocí a Luis allá en el 2006, cuando aún era pichón de cura. Siempre fue risueño, esperanzado con la vida, querendón, pero más que nada deseoso de saber más. Esas ansias de saber lo han llevado a pasar del conservadurismo católico a un paso corto por un intento de libertarismo a medias, a un socialismo del siglo XXI que intenta ser materialista. Eso es un gran logro. Para un sacerdote católico es una evolución que no solo denota autocrítica, humildad, sino, y sobre todo, una gran capacidad de aprendizaje, de dialéctica, de saber que siempre se puede seguir aprendiendo, avanzando y comprendiendo mejor la realidad, convirtiendo al padre Luis en alguien profundamente marxista-leninista.

Esa humildad de este sacerdote católico de buen corazón (algo que quizá ha sido su gran error: ser tan buen ser humano con gente que no lo merecía, pero que ese buen corazón le ha dado esa empatía por los más aplastado por el sistema depredador que es el modo de producción capitalista) le permite ser transparente con el resto y ser alguien de fiar.

Y, de entrar a la política, el padre Luis debe saber que ese buen corazón y esa humildad debe llevarlos siempre para su prójimo y no darle perlas a los cerdos, pues la política es una guerra en otros términos. En este mundo asqueroso que resulta la política de la democracia burguesa, este sacerdote quiere entrar para dar el batacazo. Con banderas de defensa de los intereses de las clases trabajadoras contra la gran burguesía, el padre Luis promete darle todo el poder al pueblo y convocar una Asamblea Constituyente que dé una Constitución que represente a las clases trabajadoras peruanas, que son mestizas, hispanas, cholas, andinas, amazónicas, afros, tusanes, nikeis; no a un puñado de *blankos* burgueses acriollados con delusiones de nobleza virreinal que se creen gringos.

Espero que el padre Luis abrace con todo lo que implica el marxismo-leninismo, el materialismo político, dialéctico e histórico; todo esto en bloque le daría una visión más realista y menos religiosa de la realidad social, económica y política del Perú. Con todo y mis críticas, estos textos espontáneos, poco científicos, más de intención, son realmente un oasis en este desierto que es la discusión política peruana, una política rancia llena de operadores asalariados perros lacayos de unos ricachones. El padre Luis viene a romper con esa mediocridad burguesa criolla y les pone la vara bastante alta. Se enfrentan, pues, a un nivel intelectual bastante alto, tan alto que ni los mejores ideólogos de la burguesía peruana actual han logrado tener desde José de la Riva-Agüero y Osma.

Ricardo Milla Toro

Arguedas y el verdadero Perú[1]

Quizá el momento histórico al que estamos siendo llamados como hacedores de transformaciones profundas, sea, como siempre, un llamado que quede, una vez más, en una convocatoria estéril y efímera, y digo estéril no porque no pueda transformarse y erradicarse la injusticia sistémica de los abusos del capitalismo salvaje que impera en el Perú. No, nada que ver. Es estéril porque pareciera que, para los que vivimos en Lima, lo que ha sucedido ayer, y lo que está por suceder, es nada menos que un evento que supuestamente no me atañe. Son, en el mejor de los casos, eventos para conversar en el bar, en la cocina, en el entretiempo, como sucesos efímeros de otro intento fallido. Nosotros los peruanos de a pie defendemos una peruanidad sin siquiera saber qué es eso, qué somos en verdad, quiénes somos y qué hemos hecho en estos últimos doscientos años de República.

Quien ame la peruanidad o crea conocer lo que somos como peruanos, y no ha leído e interiorizado a Arguedas, entonces se le hará difícil entender que las luchas de clase en el Perú siempre han existido y seguirán existiendo. Para el burgués o dueño de algún medio de producción lo único que importa es acumular más y más capital. En cambio, el obrero, trabajador o proletario, siempre querrá, de forma consciente o inconsciente, dejar de ser explotado para poder vivir con dignidad.

En este escenario que vamos narrando se entremezclan muchísimos elementos: raza, etnias, culturas, credos, deseos particulares

1 Bazalar García, L. (2023, enero 20). Arguedas y el verdadero Perú. *Diario Uno*, p. 5.

y colectivos; elementos que pueden agudizar más y peor la tragedia de la lucha de clases. Quizá por esta razón el andahuaylino José María Arguedas quiso empezar en su juventud escribiendo algunos cuentos sencillos y profundos para una realidad que hoy no ha cambiado mucho en el Perú de 2023. Es, entonces, necesario preguntarnos: ¿cuál es nuestra identidad y de qué depende nuestra dignidad?

En esta ocasión, he elegido el cuento *Warma kuyay*. ¿Quiénes podrían ser hoy en el Perú los Ernestos? En mi humilde interpretación, todo aquel que, siendo burgués, capitalista, banquero, terrateniente, dueño de muchas o pocas propiedades, *mistis* o cobrizos, pero que han olvidado que pertenecen al mundo mestizo y no solo al mundo europeo. ¿Qué hace que estos Ernestos de ayer y de hoy odien tanto a los millones de Kutus? ¿Qué es lo que tenemos los Kutus que jamás podrán tener los Ernestos? Muy en el fondo el burgués peruano tiene en su mismidad, en su más profunda identidad y conciencia, un conflicto y desarraigo existencial que le impide verse a sí mismo en el otro, porque en el fondo también siente asco de sí. Esta tragedia del burgués peruano de hoy podrá superarla nada más si se acepta y se reconcilia consigo, con su genética y con su propia historia. Si esto no pasa, como de hecho no ha pasado en más de doscientos años, cual Ernesto seguirá no solo acumulando capital, sino también seguirá lastimando, torturando y matando; aunque de noche, cuando nadie lo vea, llorará sin consuelo e irá a buscar a su cura-confesor, también herido y maltrecho, no para confesarse, sino para preguntarle por qué Dios ha permitido que en nuestra sangre haya sangre andina.

Audentes fortuna iuvat.

El pongo y el burgués del Perú[2]

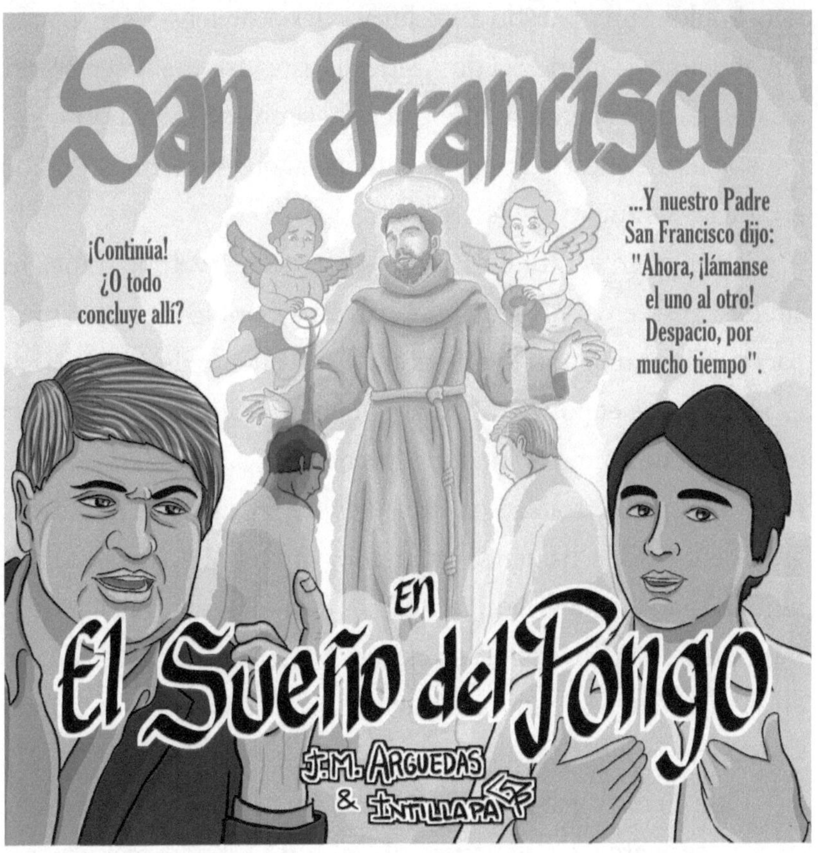

La semana pasada nos preguntábamos sobre cuál es nuestra identidad y de qué depende. Para ello, tomaba como base el cuento *Warma kuyay*. Intentaré dar respuesta a partir de otro de los maravillosos cuentos del andahuaylino José María Arguedas, que nos llamó siempre a la unidad desde el respeto

2 Bazalar García, L. (2023, enero 27). El pongo y el burgués del Perú. *Diario Uno*, s. p.

a la diferencia del otro para que así, por fin, pudiéramos ser el Perú de todas las sangres.

Nos centraremos en el cuento de *El sueño del pongo*. No cabe duda de que este relato está influenciado por el pasaje bíblico del rico Epulón, una parábola exclusiva del evangelista san Lucas. Sin embargo, la grandeza de Arguedas está justamente en cómo, a partir de este cuento político, denuncia una de las más grandes injusticias de nuestra época republicana, que no hemos podido erradicar ni mucho menos reducir.

El pongo en el mundo andino era aquel siervo que trabajaba sin descanso en la hacienda del patrón a cambio de su permiso para sembrar una porción de tierra. En el cuento de Arguedas se especifica que el pongo, sirviente indio, era pequeño, de cuerpo miserable, de ánimo débil, todo lamentable; sus ropas, viejas; no habla con nadie, trabaja callado y come en silencio. El patrón, gran señor de la hacienda, mandón, prepotente, abusivo, que humilla y maltrata al pongo delante de todos sus trabajadores, nunca tuvo piedad y, por si esto fuera poco, intentaba degradarlo en su dignidad haciendo, en muchas oportunidades, que imitara a los perros y a las vizcachas.

¿Qué hemos visto en estos días en nuestra patria, aparte de los asesinatos y la violencia brutal por parte del ejército y la policía enviados por el ejecutivo y aplaudido por el nefasto y patético Congreso? Hemos presenciado las humillaciones por parte de las fuerzas armadas, la mofa y el racismo de los sectores de la derecha recalcitrante contra el pueblo porque saben que la presencia y reclamo de nuestros hermanos del Ande o de la Amazonía en Lima atentan contra sus privilegios, su glamour y sus grandes inversiones de capital. Cada día constatamos que los grupos de esa gran burguesía financiera, representada en los medios de comunicación, ha falseado, silenciado y alterado la verdad sobre las matanzas y los crímenes de los que, si no fuera por las redes sociales, jamás nos hubiésemos enterado. Este comportamiento viene siendo romantizado por la burguesía limeña, que sigue tratando a los millones de peruanos como pongos que no tienen derecho a reclamar, exigir o hablar porque incluso están muy por debajo de los perros y las vizcachas.

¿Esto, entonces, nos haría pensar que somos un pueblo sin identidad? ¿O que el burgués no acepta, aparte de que otra clase lo desplace, que en su identidad mestiza grite y no pueda acallar jamás la sangre andina? Es evidente que el problema no es que no tengamos identidad —nuestro mestizaje es innegable—, sin embargo, creo que el problema pasa también, además de las luchas de clases evidente, por un rechazo abierto a no aceptarnos ni aceptar al otro en su diferencia. De este modo, lo señaló ayer el nuevo nuncio papal, Paolo Rocco, en el Palacio de Gobierno: «La cohesión social implica necesariamente reconocer al otro, el derecho a ser él mismo y a ser diferente. Solo a partir de aquí se hace posible un verdadero pacto social».

Al final de *El sueño del pongo* se da una especie de presagio de lo que parecería ser el preámbulo del juicio divino para todo el que mata, humilla, degrada y desecha. Narra Arguedas que tanto el burgués como el pongo van delante de san Francisco; el primero es embadurnado con miel por un ángel bello; sin embargo, el segundo, es decir, el pobre andino, el pobre pongo, es bañado de excremento por un ángel enfermo, viejo, decrépito y de aspecto horrendo. Al final, nuestro padre san Francisco ordena que cada uno lama al otro de manera lenta y completamente.

A diferencia del gran Arguedas, que augura un juicio divino en el más allá (del que no dudo ni desconfío), yo prefiero ir adelantando esa lamida y esos baños con el llamado a una consulta general a todo el Perú, a través de un referendo o de cualquier otro mecanismo político, para saber si queremos o no una Asamblea Constituyente en la que, con una nueva Constitución, se acabe la opresión del postergado y humillado por más de doscientos años, y así, como sostuvo el gran Paulo Freire en su libro *Pedagogía del oprimido*, con la liberación del oprimido también liberaremos al opresor-burgués, que por más de dos siglos, aquí en el Perú, solo ha buscado acumular capital sin importarle el resto. ¿Estaré soñando despierto? Como diría Gramsci: «El viejo mundo se muere. El nuevo tarda en aparecer. Y en ese claroscuro surgen los monstruos». Hoy ha despertado ese monstruo que creían haber silenciado o matado. Hoy el pueblo está más vivo que nunca.

Audentes fortuna iuvat.

¡El Satán de los Andes![3]

Siempre se ha sostenido que, desde que se inauguró la República en el Perú, somos una «nación» independiente con los mismos derechos y los mismos deberes. Ahora bien, las riquezas o, mejor dicho, la materia prima no renovable, siempre ha estado por encima de los dos mil metros sobre el nivel del mar y es el Ande el que la alberga desde tiempos inmemorables. Sin embargo, ¿de verdad dejamos atrás la Corona española y, por tanto, el Virreinato, para ser un país con igualdad de oportunidades? Creo que no. Hemos dejado de ser súbditos y también hemos «abandonado» a los reyes católicos como monarcas absolutos para «entregarles» nuestra libertad y destino a los «criollos» de turno.

Hoy en día nuestros «nuevos amos» no son nuestras propias conciencias y libertades, sino más bien diversos, distintos y pequeños grupos aglomerados en «poderes fácticos» y «oligopolios económicos-políticos» que se han sostenido a través del tiempo, teniendo como «masa obrera» a los peruanos del Ande, a los peruanos de la Selva y a los «cholos» de la costa desértica en todo el litoral. ¿Este fenómeno es reciente? No. Esta tragedia se puede rastrear desde el mismo momento en que «nació» la República, porque jamás importó el derecho o el clamor del indígena. Ahí tenemos, por ejemplo, el «bombardeo y la masacre de Amantaní, Ilave y Huanta», a mediados del siglo XX. Sí, efectivamente, el «dictador» Piérola envió buques

3 Bazalar García, L. (s. f.). ¡El Satán de los Andes! *Diario Uno*, s. p.

para bombardear una de las islas del Titicaca por la sublevación de los «indios» (*Horas de lucha*, p. 212).

González Prada, aristócrata, anarquista y sin ningún resentimiento más que el de no soportar la satanización del indígena, denunciaba en su libro *Horas de lucha*, allá por 1908, que:

> No se escribe, pero se observa el axioma de que el indio no tiene derechos sino obligaciones. Tratándose de él, la queja personal se toma por insubordinación, el reclamo colectivo por conato de sublevación. Los realistas españoles mataban al indio cuando pretendía sacudir el yugo de los conquistadores, nosotros los republicanos nacionales le exterminamos cuando protesta de las contribuciones onerosas, o se cansa de soportar en silencio las iniquidades de algún sátrapa (p. 212).

Audentes fortuna iuvat.

Exterminio étnico[4]

Es desgarrador tener que escribir esta columna sabiendo que mientras la termino y hasta que se publique, ojalá me equivoque, habrán asesinado y exterminado a un peruano más de nuestra sangre, sí, porque la sangre andina también corre por tu sangre y la mía. ¿Sin embargo, a los millones que vivimos en Lima nos preocupa en realidad lo que está pasando? Leamos, o, mejor dicho, retomemos un escrito de 1904. Allá por ese siglo y ese año, un aristócrata sin complejos ni soberbia nos dejó como herencia su mirada de lo que hasta hoy llamamos, y que jamás según mi visión ha existido, República.

> El verdadero tirano de la masa, el que se vale de unos andinos para esquilmar y oprimir a los otros es el «encastado», comprendiéndose en esta palabra tanto el cholo de la Sierra o mestizo como el mulato y el zambo de la Costa....

Pregunto directamente, ¿en los soldados y policías que van exterminando a nuestros hermanos andinos por órdenes del gobierno actual —sin excluir a todos los generales de todas las armas—, no corre por su sangre la sangre aimara, quechua, chanca, huanca y española? Sí. ¿Entonces por qué carajo no te niegas a disparar? ¿Qué carajo te ha pasado en estos doscientos años para que te burles de ti mismo en el rostro del andino, del selvático o del costeño? ¿Qué mierda tenemos en nuestro

4 Bazalar García, L. (s. f.). Exterminio étnico. *Diario Uno*, s. p.

espíritu o en nuestra conciencia para que por la mañana vayas al templo o a la capilla, por la tarde a la playa y por la noche te quedes en tu *smartphone* o iPhone etiquetando a los de tu propia sangre de terroristas, subversivos o vándalos?

Sigamos releyendo al profeta blanco, al Bolívar del siglo XIX, al aristócrata, sin resentimiento y con mucho dinero que tuvo los cojones para aplicar y regalarnos la resonancia magnética más exacta de nuestra «República peruana»:

> Existe una alianza ofensiva y defensiva, un cambio de servicios entre los dominadores de la capital y los de provincia: si el gamonal de la Sierra sirve de agente político al señorón de Lima, el señorón de Lima defiende al gamonal de la Sierra cuando abusa bárbaramente del indio...

Hoy hemos llegado al inicio de lo que jamás hemos querido ver en más de trescientos años: hoy el Perú ha empezado una guerra civil y junto con González Prada concluyo y me aúno: «Al andino no le prediques humildad y resignación, sino orgullo y rebeldía. ¿Qué ha ganado con trescientos o cuatrocientos años de conformidad y paciencia?».

En resumen: el andino, el cobrizo, el selvático y el cholo humillado se redimirá gracias a su esfuerzo propio, no por la piedad del opresor. Todo oligopolio mercantilista, clientelista, jerarca eclesiástico, banquero y oligarca asolapado es, más o menos, un Pizarro, un Valverde o un Areche.

Audentes fortuna iuvat.

La Guaira socialista del siglo XXI[5]

Siempre se nos dice que debemos ir a Venezuela para poder constatar con nuestros propios ojos la realidad de nuestra hermana nación bolivariana. En las zonas más acomodadas donde vive la burguesía limeña y en los lugares más sencillos de la capital de mi patria siempre me han reclamado que vaya a la nación bolivariana y constate la realidad del socialismo.

Por si esto fuera poco, las veces que he viajado al interior del Perú, nuestros hermanos venezolanos, que trabajan y contribuyen con sus impuestos al erario público, insistieron en que visite

5 Bazalar García, L. (2023, marzo 31). La Guaira socialista del siglo XXI. *Diario Uno*, s. p.

el municipio de la Guaira. Nunca entendí el porqué de la insistencia de que empezara por dicha ciudad. Hoy, mientras escribo este artículo, puedo entender la importancia de visitar la Guaira, y lo comparto para que seamos portadores de la verdad y no de las narrativas que el imperialismo nos ha vendido.

El día de ayer, 29 de marzo del 2023, emprendí el viaje, desde Caracas, rumbo hacia el puerto más importante de Venezuela, es decir, la ciudad de la Guaira. Sus habitantes llegan a seiscientos mil; su alcalde va en el segundo año de su primer período, su nombre es José Manuel Suarez. Recibió un municipio con un ingreso de trescientos mil dólares mensuales. Hoy por hoy, después de una reingeniería socialista y con una clara brújula sobre lo que debe significar la inversión extranjera y la unión de una política social sin desmedro de la población, a través de la recaudación de impuestos, genera un ingreso de $ 1 200 000 mensuales.

La Guaira cuenta con una mecánica de limpieza y reciclaje de la basura en toda la jurisdicción; los jardines y las áreas verdes están cuidadas y sostenidas; no se observa inseguridad ciudadana, por lo que se puede apreciar la tranquilidad de los ciudadanos al salir a las calles a pasear, a comprar o a disfrutar de la vista maravillosa del mar Caribe. Existe un sistema de puesto de comando del 1x10. En este sistema, la misma población cuenta con una central en la que puede denunciar alguna violación a la ley, alguna arbitrariedad o, sencillamente, alguna necesidad que experimente el vecino de sus distintos barrios. En otras palabras, este esquema tiene como prioridad dar respuesta al pueblo mediante un control directo del mismo soberano. Lo más interesante es que dicha denuncia no se levanta hasta que el mismo alcalde, a través del aparato municipal, no resuelva la problemática. ¿Y eso queda ahí? No, luego el mismo gobierno municipal llama al vecino y le consulta si se ha resuelto la problemática y le hace saber que puede levantar la denuncia si se siente satisfecho, a través de la misma plataforma, con su clave de usuario intransferible.

Luego, pudimos observar los planes del rescate a los ciudadanos que se encuentran alejados de la comunidad; nos estamos refiriendo a los que duermen en las calles, a los que han sido abandonados por la sociedad, ya que han sido secuestrados por el alcohol o las drogas. Por lo general, se trata de adultos mayores que son rescatados, cuidados, reubicados e ingresados a centros de rehabilitación. Se trata de devolverles la dignidad como hijos de Dios y hacerles saber que la esperanza nunca se pierde, porque somos hijos de un mismo Padre.

He podido observar que existe una sana convivencia, en perfecta armonía entre la inversión privada y el gobierno municipal. Hay inversiones en hoteles a precios de corte social justo, diversión sana y con acceso gratuito para los niños y pobladores más humildes, que no cuentan con mayores recursos. Hay, por otro lado, una campaña de completa recuperación del casco histórico, así como una clara política en el cuidado del ornato y la salud de sus pobladores. Como muestra de esta maravillosa realidad, el gobierno municipal de la Guaira ha logrado un convenio con la India para que se les proporcionen a los adultos mayores las medicinas para la hipertensión y la diabetes, directamente en sus casas. En un sistema socialista, los adultos mayores no son parte del descarte, como suele pasar en las sociedades consumistas y capitalistas diabólicas.

Por último, el amor de la población por su alcalde no es una utopía. Pude observar en los distintos barrios la identificación de los ciudadanos con las políticas implantadas por su autoridad. La gente saludaba al alcalde y le agradecía por su cercanía y preocupación ante sus necesidades. No era algo armado, pues nadie sabía que llegaba; fue una visita inopinada e inesperada.

En conclusión, la Guaira es una ciudad modelo que ha crecido y se ha embellecido con la revolución socialista del siglo XXI. Imaginemos y preguntémonos: ¿qué sería de toda Venezuela si se levantaran las más de novecientas sanciones y se le devolviera el robo del dinero retenido por los Estados Unidos?

Audentes fortuna iuvat.

La simbiosis de la unidad[6]

Como prometí hace unas semanas, el pasado miércoles 12 de abril visité el segundo estado de la hermana nación de Venezuela, es decir, el estado Carabobo.

Recibí la invitación del gobernador Rafael Lacava, con una fuerte exhortación: «Padre Luis, ¿quieres conocer lo que el presidente Nicolás Maduro ha logrado, y lo que va logrando, para toda Venezuela, en unión de los gobernantes elegidos por el pueblo?». «Por supuesto», le contesté. «Entonces, ven al estado en el que, con plena simbiosis, la revolución crece y florece, a pesar de los diez años en los que hemos venido siendo atacados y mermados por las casi mil sanciones económicas y por la retención de todo el dinero de mis hermanos venezolanos». Acepté el reto y emprendí el viaje.

Nada más al llegar a las afueras de Valencia, capital de Carabobo, encontré una ciudad recuperada en lo industrial, en el orden, la limpieza y en plena faena de trabajo de mantenimiento del ornato vial. Fuimos adentrándonos y pudimos observar que se habían recuperado espacios urbanos abandonados y asaltados por la desidia, la delincuencia y el malvivir. ¿Qué había sucedido con la narrativa y la cantaleta caprichosa del imperio de hacer creer que todo en el socialismo es perdición y miseria? ¿Acaso los burgueses no se cansan en sostener que el socialismo trae atraso, hambre, y jamás progreso? Pues, una vez más,

---

6 Bazalar García, L. (2023, abril 14). La simbiosis de la unidad. *Diario Uno*, s. p.

el neoliberalismo despiadado, con sus interlocutores y grandes maquinarias de desinformación, había mentido.

¿Qué había sucedido, o, mejor dicho, qué es lo que veían mis ojos? En primer lugar, Lacava, el economista y especialista en gerencia tributaria de la UCAB, había recibido la indicación expresa del presidente Nicolás Maduro de convertir Carabobo en la ciudad modelo para la ejecución de lo que aquí se llama el nuevo socialismo. Por eso es que, en un tuit del 3 de diciembre del 2021, el presidente Nicolás Maduro escribió:

> Lacava es gran ejemplo de los gobernadores del país, por la eficiencia, la eficacia, la capacidad de trabajo y el compromiso que lo caracterizan. El pueblo de Carabobo ratificó a este patriota para llevar las riendas en la nueva etapa de crecimiento que se avecina para el país.

Se ha dicho que el presidente Nicolás Maduro está en contra de la inversión privada, en contra de capitales extranjeros y hasta se dice que en Venezuela no hay progreso. Si esto fuera verdad, ¿por qué el mandatario les encargó a los gobernadores que reciban inversiones, pero con una sola condición: «El pueblo debe ser el verdadero amo»? ¿Qué propone entonces el revolucionario Nicolás Maduro?

El fenómeno de las economías mixtas, en las que Estado y privados se dinamicen, se relacionen y ambos ganen, siempre y cuando sean, al final de todo, los venezolanos los que tengan la primacía del progreso con verdadera y real justicia social.

Analicemos, entonces, si el gobernador Lacava llevó a cabo la orden del mandatario.

Entre las empresas privadas que vienen trabajando en alianza con la gobernación de Carabobo tenemos a Turpial Airlines, la cual, junto al instituto autónomo Aeropuerto Internacional de Maiquetía, viene fortaleciendo las mejoras en el aeropuerto de Valencia. En segundo lugar, Lacava ha impulsado la producción avícola en el estado y se ha aliado para alcanzar este objetivo en favor del pueblo. Paralelamente, Flexoprint y Tecnopack han logrado, en alianza estratégica con el Estado, brindar las toallitas antibacteriales para la protección de los ciudadanos. Por si esto fuera poco, ha fomentado el turismo mediante la creación de eventos como el Dracufest 2023, el cual se realizó hace una semana y llegó a reunir a trescientas mil personas, todas con ingreso gratuito, para disfrutar, junto a la familia, de conciertos, deportes, música, arte y recreación, sin ningún daño personal, ni un accidente ni ningún incidente.

Durante más de diez años el presidente Nicolás Maduro ha venido insistiendo en la unidad y en el progreso articulado. En este sentido, Lacava ha ejecutado al pie de la letra lo que el mandatario ha planteado. ¿Esto significa, entonces, que Lacava es un «títere» del «madurismo»? No, de ninguna manera. Ello significa, por el contrario, que cuando la unidad, la planeación y la apuesta por el pueblo, desde la perspectiva del socialismo, se llevan a cabo, no hay poder en el universo que pueda contra una sana, autónoma y verdadera revolución social.

Antes de concluir esta columna, anuncio que, en quince días, el señor presidente Nicolás Maduro junto con el gobernador Lacava inaugurarán un sistema innovador y eficaz de salud integral. Dicho invento conmocionará al mundo entero y, en especial, a toda la región de Sudamérica, porque el alcance tiene comprendido el aspecto geográfico, territorial, estadístico, preventivo y secuencial de todos y cada uno de los ciudadanos más vulnerables y vulnerados. Dicho sistema será gratuito, comprenderá todo el estado de Carabobo y tiene por objetivo convertirse en una política de estado para toda la patria de nuestro padre y libertador Bolívar.

¿Puedo decir más? No, porque es secreto de Estado. Solo ruego a Dios poder ser testigo de esta inauguración para así replicar esta gran iniciativa de Venezuela en mi amada patria, el Perú, cuando sea su presidente.

Audentes fortuna iuvat.

El Perú que quiero[7]

Es desgarrador que ocho de cada diez peruanos hayan muerto en los últimos treinta años sin ver que la discriminación y el racismo en nuestra patria disminuyan. Si nos aproximamos a los lugares menos visibles, o, mejor dicho, a aquellos lugares invisibilizados por el sistema neoliberal, veremos que, en las últimas tres décadas, la pobreza y el bienestar de los más de treinta millones de compatriotas ha empeorado. Ahí están los testimonios de los más de diez millones de hermanos provincianos que viven en Lima perdiendo cuatro horas de su vida al día por tener que estar sometidos al nefasto sistema de transportes que empezó con las peores decisiones que tomó el dictador Alberto Fujimori. Ahí están los dos millones y medios de provincianos que no tienen agua ni desagüe en la gran capital, en la que un puñado de burgueses defienden un sistema que se cae a pedazos y que ha destruido al que un día fue el Imperio de los Hijos del Sol, es decir, a nosotros, a los mestizos y herederos del Imperio inca.

¿Cuál es la razón por la que el Perú no ha visto hasta hoy un verdadero progreso? Esta es la pregunta que se puede empezar a responder con el llamado que nos hacía Antonio Machado: «Haced política, porque si no la hacéis, alguien la hará por vosotros y probablemente contra vosotros». Esta ha sido una de las razones por las que el Perú, en los últimos doscientos años, ha tenido que ser víctima de los que se han apoderado de nuestros sueños e ilusiones. Un grupo burgués, elitista, mercantilista y

---

7 Bazalar García, L. (2023, abril 28). El Perú que quiero. *Diario Uno*, pp. 4-5.

con clara conciencia de su clase social ha robado el quehacer político, se ha erigido como el dueño del ágora y ha convertido la política en clientelismo. La ha desfigurado al punto de que, de cada diez compatriotas en el Perú, a nueve ni le importa ni quiere saber nada del accionar político. ¿Hay algún costo a pagar por esta desidia? El majestuoso y sempiterno Platón nos exhorta desde el Olimpo para responder esta pregunta: «El precio de desentenderse de la política es ser gobernado por los peores hombres».

Tengo un sueño como el que tuvo Martin Luther King, sí, «*I have a dream*». Quiero un Perú en el que el Tren del Sol una a ese Tumbes olvidado y sea usado con la heroica y siempre valiente Tacna. Sueño con que no haya un peruano al que le falte agua y desagüe. Sueño que todos tengan sus títulos de propiedad para que con ellos cada peruano tenga un capital y al mismo tiempo reinvierta en el suelo que lo vio nacer. Sueño con que todo el Ande pueda traer sus productos a la Costa sin sentirse extraño en su propia tierra, que los productos que se elaboran hoy, en las alturas, lleguen rápido a nuestras costas, a través de vías terrestres de primer nivel y no como las que hoy tenemos. Sueño con que los recursos naturales estratégicos sean nuestros, es decir, nacionalizados, para que nunca más se nos robe el litio, el gas, el uranio o los metales preciosos como el oro y la plata. Sueño y quiero un Perú que se construya con una nueva constitución en la que estén las voces de los trabajadores, de los campesinos, de los maestros, de los obreros, de los pescadores, de los comerciantes, de las minorías colectivas, de los microempresarios y la de todos los emprendedores que hoy solo han sido usados y explotados por los burgueses.

Sueño con un país nuevo, moderno y socialista, como nos enseñó Jesús: nunca descuidar el aquí por el más allá.

Sueño también que, en este nuevo Perú, nos sentemos con los empresarios y con los burgueses, pero con las reglas claras, en las que se vea y se sienta que el verdadero amo es el pueblo y no una casta, una clase social, ni mucho menos una oligarquía.

Quiero un Perú en el que se desarrolle la industria, como la industria de la refinación del cobre, sostenible y responsable, generando beneficios económicos al país y contribuyendo a las comunidades locales y al cuidado del medio ambiente. Sueño y haré que el Perú no tenga ni un delincuente y si para ello debo dejar la propia vida, lo haré. No me temblará ni la mano ni la voz para castigar a los criminales de toda calaña, sean poderosos o no, porque durante toda mi vida he demostrado valentía y coraje. Ahí está, como ejemplo, mi juicio en el que me encontraron y declararon inocente. Ahí está mi lucha contra la jerarquía de la Iglesia católica y sus negocios sucios, oscuros y delincuenciales.

Quiero, sueño y haré que el Perú tenga una educación de excelencia y equidad, para que ese 56 % de niños de diez años que no entiende lo que lee sea solucionado por completo. No más sueldos de hambre para los maestros, no más maltrato para la Derrama Magisterial, no más una educación privilegiada para el que tiene dinero y pertenece en exclusiva a una clase social alta. El Perú puede y tendrá la mejor educación del mundo, no solo con inversión pública y privada —y mixta—, sino también con una clara estrategia de concreción a inmediato, mediano y largo plazo.

Sueño y tendremos una salud de nivel altísimo, para que nunca más un peruano muera por falta de oxígeno, como lo permitió Vizcarra con los más de doscientos mil compatriotas que murieron a consecuencia de un Estado fallido que fue usado por las clases dominantes, en aras de su macabro beneficio y perpetuación. La COVID no fue la causa. La causa de los doscientos mil peruanos muertos fue que, durante más de doscientos años, nunca a los gobernantes les han interesado el trabajador, el obrero, el empleado, el agricultor o el campesino, sino tan solo oprimir, aplastar y matar, si es necesario, para que su clase sea la dueña de su jungla, de su chacra.

Este es el Perú que sueño, quiero y haremos juntos, para que con los más de treinta millones de peruanos construyamos la patria grande, esa patria que por más de doscientos años debió ser levantada, construida y amada por el pueblo, por sus integrantes.

Hoy juro, por mi sangre mestiza, que en mi gobierno transformaré el Perú como lo hizo Pachacútec, Huayna Cápac y, sobre todo, Túpac Yupanqui.

Audentes fortuna iuvat.

Delincuencia cero[8]

¿Necesitamos diagnósticos para saber que cada día más de treinta millones de peruanos viven atemorizados por la delincuencia? No. Lo que necesitamos es saber qué hacer, cómo y en cuánto tiempo se pueden lograr los objetivos y así no caer en la improvisación, el populismo y la burla para con nuestros hermanos compatriotas. Si tenemos claro el objetivo, los tiempos, las condiciones y la *expertise* necesaria, entonces, nunca más llegará a ser electo un gobernante mentiroso y cínico como para prometer diez mil motos para la ciudad de Lima, cuando esto era imposible hacerlo en los primeros cien días de mandato. Muchos de los que aspiran a los cargos públicos viven en resacas eternas de las peores borracheras.

En mi gobierno del quinquenio futuro ofrezco eliminar la delincuencia con los resultados que ha demostrado el presidente Bukele (claro, sin que se atente contra los derechos humanos). Sobre esto último, basta mencionar el último informe de la Comisión Interamericana de Derechos Humanos (CIDH) frente a lo que, a todas luces, fuimos testigos: el asesinato y masacre de más de setenta hermanos andinos que salieron a protestar porque no reconocían el golpe blando, que se ha perennizado con el apoyo del brazo militar entre diciembre de 2022 y enero de este año. Por tanto, eliminaremos la delincuencia en su totalidad como en El Salvador, pero sin atentar contra los derechos humanos, porque, más temprano que tarde, la justicia llega.

---

8 Bazalar García. L. (2023, mayo 5). Delincuencia cero. *Diario Uno*, pp. 10-11.

¿Cómo lo haré?

En primer lugar, reformaremos la política penitenciaria, ya que en la actualidad las cárceles son escuelas de postgrado del crimen. En segundo lugar, se construirán más cárceles en Lima y en todas las regiones. Para ello haremos uso de los acuerdos de gobierno a gobierno y asegurar así los tiempos, la calidad y la garantía. Además, no se darán adendas ni recursos judiciales para dilaciones, de modo que se garantizará la eficacia y la eficiencia de las obras terminadas.

En paralelo, se abrirán cuentas bancarias a los reos —demás está decir que no serán en los cinco únicos bancos que se han apoderado del Perú, porque vendrán trescientas nuevas entidades financieras—, cuentas que servirán nada más para percibir su sueldo. ¿Sueldo? En mi gobierno los delincuentes, además de estudiar, también trabajarán, pero no solo en talleres mínimos, sino en las obras de infraestructura (carreteras, escuelas, puentes, etc.) que el Estado emprenderá en convenio con la inversión mixta. De esta forma, con su trabajo el reo contribuirá a la patria, su esfuerzo y mano de obra será valorada y contará con un ahorro para que cuando cumpla su condena salga capitalizado y reformado. Con su trabajo, el delincuente también pagará su alimentación y demás gastos básicos. Se le garantizará una profesión y el manejo de otros idiomas, empezando por el quechua y el aimara, así como el chino y el inglés, además del perfeccionamiento del español.

Se desmantelará y controlará de modo absoluto a las organizaciones criminales que existen dentro de los centros penitenciarios, con un equipo de alta tecnología para que sean eliminados los sistemas de internet con un cortafuegos, dejando solo el que se necesita para el uso exclusivo de los estudios.

En cuanto a los actuales servidores del cuerpo de serenazgo, se le pagará su especialización para que sean agentes de seguridad privada; así podrán portar armas en los cuadrantes que les faculta la ley según las disposiciones municipales. El Ministerio del Interior será reformado y se eliminarán las trabas burocráticas en las comisarías. Todo el personal administrativo será reducido a su mínima expresión sin bajar la efectividad; por el contrario, con menos administrativos tendremos mayor eficiencia y eficacia. El resto del personal policial se enviará a las calles, sobre todo en las zonas bien conocidas de mayor delincuencia. Esto junto a planes detallados de inteligencia y con legislación especial para salvaguardar no solo los derechos humanos de todos, sino para facultar a los policías a usar sus armas de ley sin temor a represalias judiciales por parte de los familiares de los criminales.

Cada barrio contará con una estructura de cámaras y alarmas interconectadas con una central municipal y con la comisaría más cercana. Además, todas estas centrales municipales estarán conectadas entre sí para evitar que los delincuentes se escapen o escondan en «tierra de nadie». Justamente por ello se empezará por las zonas de mayor peligrosidad. Se facultará al Ministerio Público de toda la logística necesaria, a través del presupuesto general de la República, para que pueda de inmediato hacer la investigación, recolectar las pruebas y acusar. En coordinación, se establecerá un convenio con el Poder Judicial para que se establezca un accionar efectivo de los juicios, respetando sin reservas la autonomía del tercer poder del Estado.

Nada de esto puede prescindir o estar al margen de la política de Estado basada en la implementación de las rondas ciudadanas y campesinas, de tal forma que quienes cumplan tal labor de vigilancia y seguridad, podrían estar exonerados o afectos a un descuento en sus impuestos. Esta política potenciará las rondas campesinas, las cuales lograron mucho sin intervención directa del Estado. Ahora, imaginemos por un instante lo que se lograría si por su función tuvieran acceso a bonificaciones como las exoneraciones o descuentos de impuestos.

Por último, se implementará un proyecto de reconciliación entre la policía y las Fuerzas Armadas y la población, porque el asesinato de nuestros hermanos andinos ha reabierto una herida que no solo exige justicia, sino reconciliación y perdón de parte de nuestro pueblo. Así nunca más sucederá la masacre que aconteció el pasado diciembre cuando la señora Dina Boluarte usurpó el cargo presidencial; nunca más nuestras Fuerzas Armadas deberán olvidar lo que nuestro padre y libertador Bolívar dijo: «Maldito el soldado que apunta su arma contra su pueblo».

Este es el Perú que sueño, quiero y haremos juntos, para que con los más de treinta millones de peruanos construyamos la patria grande, esa patria que por más de doscientos años debió ser levantada, construida y amada. Hoy juro, por mi sangre mestiza que, en mi gobierno, transformaré el Perú como lo hizo Pachacútec, Huayna Cápac y, sobre todo, Túpac Yupanqui.

Audentes fortuna iuvat.

Política educativa[9]

No hay ni podrá haber sociedad alguna que salga de la pobreza, el atraso y la opresión sin que apueste por la educación. Según los índices internacionales, de cada 10 peruanos, 7 son pobres y están muy cerca de convertirse en pobres extremos. Estos mismos índices internacionales nos señalan que más del 55 % de los niños de 10 años no entiende lo que lee. ¿Sabemos, por ejemplo, que la capacidad de atención de los niños solo es de 4 a 8 minutos, mientras que la de un joven y adulto es entre 10 y 20? Entonces, ¿cómo es posible que las sesiones de clase en el Perú duren 45 minutos y que además cada escolar lleve un centenar de materias que para su vida práctica no le ayudará en nada?

En mi gobierno del próximo quinquenio implementaré una reforma total en educación continua, comenzando con un aumento del presupuesto general de la República para dicho sector. Además, ese dinero llegará de manera eficiente para la construcción masiva de escuelas de primer nivel y no como las que se construyeron en la década de los noventa que, apenas pasado un año, se caían a pedazos, pues, claro, ¿podría amar de verdad un gobernante de origen nipón a un imperio como el quechua? No (y no porque, entre otras cosas, jamás pudo superar el resentimiento causado por la dura migración que tuvieron que soportar los Fujimori).

En paralelo, se reducirán las materias educativas y el tiempo de las sesiones de clases para dar paso a la investigación personalizada individual y grupal, así como para el desarrollo artístico

9 Bazalar García. L. (2023, mayo 12). Política educativa. *Diario Uno*, pp. 6-7.

y deportivo. Se enseñará de modo obligatorio y necesario tanto razonamiento verbal como matemático, además de filosofía, política y negocios. Insistiremos en una enseñanza real y sin romanticismos de la historia del Perú y del mundo (no solo la europea), así como las historias de las religiones. Por último, se enseñará el quechua, el aimara, el chino, el inglés y la lengua española.

La enseñanza por materia educativa será de 25 minutos, y otros 25 se dedicarán a la investigación personalizada. La metodología deberá ser reestructurada y enfocada desde lo lúdico. No se apostará más por lo tradicional de maestro erguido versus alumno sentado durante horas, algo que se ha demostrado es muy antipedagógico. Debemos apostar por la libertad de espíritu y de cuerpo. Un niño del Ande tiene conexión con la naturaleza. Un niño amazónico se relaciona con los colores y su hábitat. Un niño de la Costa ama y se relaciona con el mar. Por lo tanto, parte de nuestra reforma será llevar e interrelacionar el sistema educativo con el hábitat propio de nuestros pueblos.

Reestructuraremos la educación básica regular de tal manera que la primaria sea de cinco años, la secundaria de cuatro y dos años para la preparatoria (eso que los colegios privados de las burguesías llaman «bachillerato internacional», de modo que la educación deje de ser un privilegio y sea un derecho efectivo para todos y todas). La preparatoria se dividirá en tres grupos generales: Letras y Artes, Ciencias y Números, y Tecnología y Negocios. Esta nueva etapa educativa será tanto propedéutica para la universidad o instituto como para el trabajo. Lograremos que la preparatoria dé las herramientas necesarias básicas para afrontar el mundo laboral adulto y así tengamos una fuerza de trabajo joven y altamente preparada.

Los adolescentes en la preparatoria podrán elegir las materias que deseen estudiar y los horarios que mejor les convengan para que así puedan administrar su tiempo con la familia, en la investigación o en el ocio fructífero al estilo griego, en el que se usaba el tiempo libre para la reflexión personal, comunitaria y política.

El Estado garantizará la alimentación gratuita de calidad basada en un alto porcentaje de proteínas, verduras y una fuente suficiente de carbohidratos naturales, de tal forma que daríamos un salto revolucionario en nutrición, atacando tanto la obesidad como la desnutrición, estableciendo así las bases materiales mínimas para el mejoramiento en educación para las generaciones futuras.

La educación será gratuita de verdad. El transporte hacia la escuela, también. El colegio no será más un cuartel monacal, sino la expresión más cercana a nuestro hogar. Y si, por la opresión burguesa criolla de estos doscientos años, los niños del Ande, de la Amazonía o de la costa desértica no han tenido experiencias de un hogar digno, sano y saludable, entonces el Estado ofrecerá dicha imagen de hogar para así empezar a sanar las heridas que nos han producido estos doscientos años de esclavitud, opresión y capitalismo salvaje.

La tecnología será de punta para la educación. Cada niño y niña contará con una laptop y se apostará por la fibra óptica a nivel nacional, haciendo uso de la red dorsal, esa que nunca se llevó a cabo por los gobiernos anteriores. Para tal cometido, contaremos con un acuerdo estratégico con el bloque económico alternativo Brics (Brasil, Rusia, India, China y Sudáfrica) del cual China y Rusia serían los socios principales. Estos socios no solo aportarán computadoras o internet, sino también la infraestructura que va desde colegios hasta trenes de alta velocidad.

Los maestros serán capacitados y evaluados de manera continua; tendrán acceso, a través de convenios internacionales, a congresos, capacitaciones y eventos del extranjero en materia pedagógica. Se les aumentará el sueldo y se les proporcionará un ordenador personalizado. A cada maestro se le garantizará el internet en su hogar. Tendrán acceso a préstamos para que puedan hacer sus maestrías, doctorados y capacitaciones en paralelo a los que el Estado les brindará continua y gratuitamente. Cada maestro recibirá un bono especial para transporte y así no tendrá que gastar de su sueldo para lo que es deber del Estado. ¿Saben cuánto debe caminar un maestro o los niños allá en los Andes para educar y educarse? No podemos seguir así.

Las horas de clase serán de cuatro al día y se establecerá un plan de investigación personal para cada alumno, el cual se podrá llevar a cabo en solitario o en grupo, ya sea en casa o en las megabibliotecas públicas que construirá mi gobierno. En dicho plan se establecerán temas y metas que el niño y adolescente deberá llevar a cabo. Ese plan será de cuatro a seis horas al día, que incluirá investigación académica y científica, desarrollo de alguna actividad artística y de alguna actividad física o deporte. De este modo, se garantizarán cuatro horas de sesiones académicas en aula, dos en bibliotecas, dos para el arte y dos para el deporte. Habrá mayor libertad, pero también mayor responsabilidad.

Por otro lado, he decidido junto a mi equipo técnico que se hará un plan lector y de alfabetización total masivo. Llevará por nombre Plan Lector Arguedas. ¿Quién mejor que este gran intelectual que mostró al mundo las profundas heridas de la opresión criolla, hoy los burgueses de turno, contra el Perú? La finalidad no es solo eliminar el analfabetismo, pues se buscará que todo lo que se lea se comprenda y se pueda explicar de manera sencilla, como para un niño de tercer grado.

Implementaremos una reforma en las carreras que ofrecen las universidades por cada región, priorizando las necesidades locales y fomentando así su desarrollo. Por ejemplo, en Huacho, mi ciudad natal, se da mucha cabida a la ingeniería metalúrgica cuando lo propio sería la ingeniería pesquera, de modo que se potencie el desarrollo local y regional. No se trata de eliminar carreras, sino de potenciar las existentes o crear nuevas según cada necesidad regional y económica.

Impulsaremos y apoyaremos las carreras técnicas que hemos descuidado tanto. ¿Esto se debe solo a una cuestión de mercado? No, también hay un tema psicológico, porque se nos ha inculcado que más vale un profesional universitario que un profesional en carreras técnicas. Por tanto, se potenciarán las escuelas profesionales técnicas en todos los departamentos, según lo que más necesite cada nicho poblacional. Este ejército de técnicos tendrá trabajo inmediato en las zonas industriales económicas especiales que implementaremos en todo el país.

Este es el Perú que sueño, quiero y haremos juntos, para que con los más de treinta millones de peruanos construyamos la patria grande, esa patria que por más de doscientos años debió ser levantada, construida y amada. Hoy juro, por mi sangre mestiza que, en mi gobierno, transformaré el Perú como lo hizo Pachacútec, Huayna Cápac y, sobre todo, Túpac Yupanqui.

Audentes fortuna iuvat.

Momento constituyente del Perú[10]

Claro que sí, dirían los burgueses y las élites en el Perú, ¿no ves que nuestra constitución de 1993 funciona? ¿No ves que en cinco años pusimos a seis presidentes distintos? Cuando se quiere imponer esta narrativa y cuando todo el poder se usa para instaurar este mensaje no solo hemos llegado a las entrañas mismas de la náusea sartreana, sino que hemos sido atrapados por la metástasis más agresiva que puede desencadenarse con el cáncer de la corrupción. ¿Quedaría entonces resignarse y esperar nuestra aniquilación o exterminio por parte del poder del Estado? No. Todavía hay esperanza.

Siempre hemos señalado que una de las razones por las que el Perú sufre tanto es porque las élites se apoderaron del gobierno o solo supieron estar detrás del poder político para oprimir, esclavizar, usar y rehusar a nuestro pueblo. Sin embargo, hoy, debemos hacer una reflexión más profunda y preguntarnos, por ejemplo, ¿por qué no nos ha importado nunca el pueblo? Para ello vamos a reflexionar sobre lo que nos enseña el filósofo, historiador y teólogo Enrique Dussel Ambrosini en su libro *Método para una filosofía de la liberación*: «El otro es el pueblo oprimido latinoamericano con respecto a las oligarquías dominadoras, y, sin embargo, dependientes» (p. 181).

En estos doscientos años de vida republicana, ¿a alguien le ha importado de verdad el otro? Si para Latinoamérica esto sigue siendo una ardua tarea, en el Perú esta odisea se ha convertido en un camino de torturas, suplicios, asesinatos, masacres y desgarro

10 Bazalar García, L. (2023, junio 9). Momento constituyente del Perú. *Diario Uno*, pp. 6-7.

existencial. ¿Qué es lo que ha impedido poder crear nuestra propia identidad? Creo que la subyugación y la alienación de Occidente ha sido una de las causas. Por eso es que Mariátegui en la revista *Amauta* insistió tanto en la creación de un socialismo autóctono (el cual las burguesías aún no nos han dejado empezar): «No queremos, ciertamente, que el socialismo sea en América calco y copia. Debe ser creación heroica. Tenemos que dar vida, con nuestra propia realidad, en nuestro propio lenguaje, al socialismo indoamericano. He aquí una misión digna de una generación nueva» (Año III, N.° 17).

Si al otro se le oculta el rostro y se le silencia, entonces la licencia para la opresión y los peores vejámenes tienen —como de hecho así pasa en el Perú— libertad, licencia e impunidad. Hablar del otro es ver el rostro y la voz del que, teniéndolos, nunca se le ha querido mirar ni escuchar. Ese otro no es un objeto, ese otro es otro sujeto que interpela y demanda porque ese otro es el verdadero amo en la sociedad, en la política y en una sana democracia; ese otro es el pueblo, sujeto colectivo conformado por cada sujeto particular que entrega su poder en manos del político para que se encargue de que este lleve a cabo el verdadero bien común y la justicia social.

Lo que ha sucedido en el Perú es que el otro no ha sido el andino, el costeño, el campesino o el trabajador; tampoco el obrero, el maestro, el emprendedor, el artista o el mecánico; mucho menos ha sido el provinciano que dejó el Ande o la Amazonía para tener un mejor porvenir en Lima. El otro siempre ha sido —para las clases dominantes— el socio, mi socio, mi compañero oligarca o el burgués capitalista con el que me uno para doblegar, a cualquier precio, la dignidad y la esperanza de nuestro pueblo. El otro nunca ha sido, al menos en nuestra patria, lo que para Sartre fue evidente en *La trascendencia del ego* (1936): «Un yo que no soy yo».

¿Cuáles fueron, entonces, los momentos históricos en los que pudimos emprender la construcción de nuestra identidad, para reconocer y reconocernos como un yo y un otro que no desaparezca en la totalidad, sino que brille y se imponga en la alteridad? Al menos en el Perú hubo dos momentos. Uno de ellos fue después de la guerra del Pacífico, momento en el que nuestra patria quedó en la más grande ruina material y de dignidad nacional por la cobardía, ineptitud, corrupción y maldad del Estado. El otro gran momento fue la caída del régimen dictatorial del aún existente autócrata Alberto Fujimori, que, si bien en los ocho años de dictadura todo lo que tocó lo gangrenó, cuando llegó el momento de la reconstrucción y dignificación de nuestra identidad, se hizo a partir de la figura del ahora extraditado, alcohólico y corrupto Alejandro Toledo Manrique. Han pasado veintitrés años y seguimos sin escuchar al gran otro, es decir, al pueblo.

¿Se ha perdido de nuevo, entonces, la esperanza de intentar construir una nación con identidad propia sin ser un satélite de Occidente? No, de ninguna manera, porque no hemos muerto y porque, hoy más que nunca, el Perú ha despertado. Entonces, ¿qué nos queda por hacer?

No hay otra opción que lograr la unidad de nuestro pueblo para exigir que podamos hablar a través del momento constituyente. Ha llegado el momento. Hoy se nos ha robado este derecho. Hoy se nos ha masacrado por exigir que se nos respete un derecho. Hoy el monstruo se resiste a morir, porque está naciendo el nuevo Perú, el Perú de los olvidados, de los marginados, de los sin nombre. Hoy, el gobierno insiste en seguir succionando la sangre de nuestro pueblo, pero como lo hizo y dijo Túpac Amaru: «Volveré y seremos millones». Hoy ha llegado ese día y ese momento histórico. *Kawsachun Perú llaqta!*

Audentes fortuna iuvat.

¿Para qué hacerlo fácil si el Perú es difícil?[11]

Ese es el pensamiento del que desea que el pueblo se someta y se contente con que nada puede ser cambiado; es el deseo de los que han hecho creer que la democracia consiste en sufragar, en elegir a sus gobernantes y luego volver a encontrarnos dentro de cinco años, para, una vez más, volverlos a engañar y así no solo adormecerlos y oprimirlos, sino, incluso, embrutecerlos. Estas mañas han sido muy bien pensadas por las élites y por la clase maquiavélica de la rancia politiquería mercantilista, capitalista, extractivista y confesional.

Decir que el Perú es complejo y que por eso no se puede apostar por una verdadera revolución, es un acto de cobardía e infamia. Repetir, una y otra vez, que como el Perú es difícil, entonces los cambios deben ser lentos y volver al mismo juego macabro de defender el mero capital. Jamás ha sido la justicia social el discurso que se ha repetido por dos siglos en nuestra patria. La patria no es un concepto, el pueblo no es la muchedumbre, el Perú es cada peruano con rostro y con un grito que empieza a retumbar en cada rincón de nuestro territorio porque quiere ser libre y partícipe de su magia y de su arte social.

Nuestra nación no son las élites, nuestro pueblo es el niño que nació en Cerro de Pasco y al que le hemos destruido su hábitat. El pueblo no es esa masa sin rostro al que podemos masacrar y

11 Bazalar García, L. (2023, junio 16). ¿Para qué hacerlo fácil si el Perú es difícil? Diario Uno, pp. 6-7.

atemorizar; nuestro pueblo es ese adolescente y joven amazónico que sueña con pintar y esculpir su vida en libertad con los mismos colores que la naturaleza le ha concedido desde la eternidad.

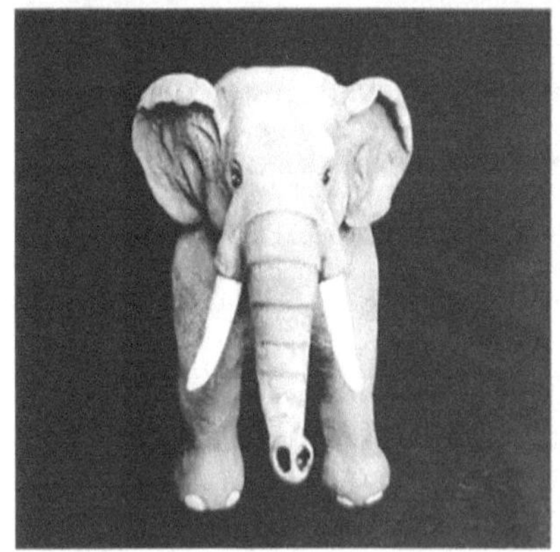

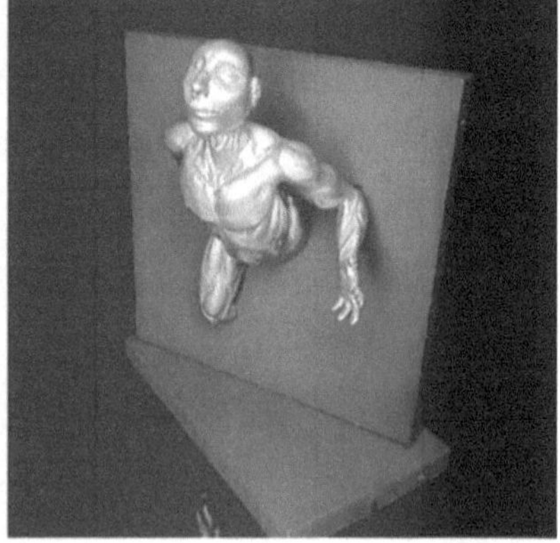

Nuestro Perú no son solo las canciones y nuestros himnos, no es solo su gastronomía y sus costumbres, que cada año parecen servir solo para la foto del extranjero y las postales de las ONG. Nuestro pueblo es la historia de cada joven costeño en las doscientas millas que baña nuestra salida directa al Asia. Nuestro pueblo es la esperanza y el sueño de cada emprendedor que, a pesar de trabajar dieciséis horas diarias y, aun ganando una miseria, sigue apostando por nuestro país.

Nuestro pueblo es la libertad de cada obrero que salió a marchar para que, al menos, a su generación venidera se le respete un poco más. Nuestra patria no son los candidatos, ni los políticos, aunque no debemos jamás renunciar a la política, sino más bien, nuestra patria es el nombre de cada anciano que nació y morirá viendo que aún hay esperanza para que de verdad seamos libres y no asesinados como animales de carga.

¿Para qué hacerlo fácil si podemos seguir lastimando y alargando la tortura del Perú? ¿Por qué hacerlo fácil si eso traería felicidad y acortaría las brechas de injusticias en nuestros pueblos? ¿Por qué hacerlo fácil si el peruano está acostumbrado y ama la opresión? ¿Por qué hacerlo fácil si podemos seguir extrayendo y jamás industrializar? ¿Por qué consultarle al pueblo si desea una nueva constitución si con esta nos hemos hecho más ricos los mismos de siempre?

¿Por qué acabar con la corrupción o con la inseguridad ciudadana si ello nos permite perpetuarnos a los mismos de siempre? ¿Por qué renegociar y romper los contratos de ley si con ello los grandes capitales de las mismas familias burguesas seguirán engordando y acumulando su futuro? ¿Por qué nacionalizar el litio y nuestros recursos naturales si como estamos hoy el peruano seguirá siendo nuestro esclavo y para que no despierte le haremos creer que es libre? ¿Hemos olvidado acaso que el mejor plan del demonio es hacernos creer que no existe? A nosotros nos dominan desde la sombra, pero con mayor eficacia. Ya no son las cadenas, sino la persecución del brazo armado de un Estado dictatorial. Estamos en el Perú del control masivo desde la apariencia de la libertad total.

¿Esta es la tragedia y condena perpetua de nuestra patria? Quizá para el que no está convencido de que el Perú ha despertado. Hoy el Perú ha despertado. Hoy, el Perú ha entrado en la convulsión más ejemplar que durante siglos esperábamos para romper con esa falsa democracia que solo manda y nunca obedece al verdadero amo, que es el pueblo. Hoy, nuestros jóvenes del Ande, de nuestra Costa y nuestra Selva, han encarnado la lucha de Micaela Bastidas y de Túpac Amaru. Hoy, cada peruano ha tomado conciencia de que él tiene el poder de verdad. Hoy, cada hermano peruano, de cada rincón y de cada pedazo de nuestra geografía, ha decidido esculpir, cincelar, moldear, crear y recrear su futuro, y ya no, esta vez, cada cinco años, sino cada instante. ¡Haremos fácil lo difícil porque amamos al Perú! *Kawsachun Perú llaqta*!

Audentes fortuna iuvat.

He muerto porque tú vives[12]

El amor para la mayoría es un sentimiento; para mí, en cambio, es una decisión; una decisión como todo en la vida. Nadie siente para luego decir que ama. Uno decide todo. Incluso cuando la emoción se apodera de nuestro espíritu, es nuestra libertad la que le permite que aquel se apodere o nos esclavice. Todo es una decisión. Nadie escapa de eso y, por eso, como nos lo recuerda Sartre en su obra sobre el existencialismo: «El hombre está condenado a ser libre».

El hombre, en esencia pura, es libertad, de ahí que el amor no podría ser nunca posesión sino libertad plena y total, aunque con un ingrediente que a muchos aterra: me refiero a la

12 Bazalar García, L. (2023, junio 23). He muerto porque tú vives. *Diario uno*, pp. 12-13.

transparencia. La transparencia no es otra cosa que la verdad y la verdad nunca es fácil de aceptar; la verdad siempre llega como los primeros cincelados del mejor escultor cuando empieza a intentar romper lo que oculta el mármol en la mente del genio.

¿Por qué, entonces, si el amor es tan bello y sublime, nos aferramos a mentirnos? Porque nadie quiere sufrir ni experimentar dolor. Todos creen que el dolor y el sufrimiento no pueden ser herramientas que nos ayuden de verdad a crear nuestro propio templo. Asumen que recomendar el esfuerzo solo es cuestión de recetas para los otros, cuando de hecho somos nosotros los que debemos abrazar el sufrimiento para que, a partir de él, empecemos nuestra transformación. ¿Acaso el oro no pasa por el fuego? ¿No fue acaso irremediable que Miguel Ángel quedara casi ciego al dedicarse por entero a pintar la bóveda de la Sixtina? ¿Acaso el genio más amado de la escultura italiana no tuvo que romper con el clasicismo imperante para plasmar el realismo?

¿No es cierto, acaso, que nada de eso se hubiese podido hacer sin la inspiración personal a la que le dedicó su vida? ¿Acaso hubiesen tenido las obras de Miguel Ángel expresividad y movimiento si antes no hubiese decidido amar y consagrar su vida a Tommaso Cavalieri? No, jamás.

Si el amor es una decisión y para amar debemos estar dispuestos a sufrir la verdad que trae ese amor, ¿por qué entonces luego nos quejamos? Porque casi nadie sabe qué es el amor. Nada más se nos ha enseñado y repetido que el amor es sentir. Solo se nos ha mostrado que el amor es ternura y nunca libertad. Esto se puede ver en el supuesto amor que pregonan nuestros padres cuando nos empiezan a cuidar, educar o formar. El amor que suelen decir tener no está basado en la libertad, sino en el temor. El amor que pregonan lo anclan en el supuesto cuidado y ternura que desaparece en segundos si es que uno decide, ama o abraza una idea, un ideal o un ser distinto a los planes de ellos. La magia del amor que se afanan en ostentar se vuelve estiércol si es que el hijo empieza a nacer y crecer en libertad de verdad. El amor que debería ser libertad se mancha y lo empiezan a ver asqueroso si es que el hijo desea de verdad la libertad. En el fondo, ni saben qué es el amor ni quieren la libertad, porque ellos nos empujan a los retos y desafíos más terribles de los que es mejor no apostar ni abrazar, porque, en el fondo, a todos nos gusta vivir en la esclavitud de Egipto y no en la máxima de «ama y haz lo que quieras» (San Agustín). Hoy, por la mañana, decidí escribirle a alguien a quien amo con todo mi ser. Hoy, como todo buen hijo, quería saludar al que es más que mi padre. Hoy le escribí a mi héroe, a mi inspiración por más de veinticinco años. Hoy le escribí al que por más de dos décadas fue mi roca y mi paz. Hoy descubrí que la edad no es garantía de nada. Hoy descubrí que el temor a lo nuevo, a lo sublime, a lo inefable, a lo mágico, a lo que nos empuja la libertad y el amor siempre exigirá valentía y metanoia.

Hoy mi nacimiento significó la muerte para mi padre. Hoy, al perder su poder, sus cargos, su seguridad y su posición de clase, olvidó que el amor exige libertad y también estar dispuesto a sufrir. Hoy mi padre buscó un culpable. Hoy mostró que su temor fue más grande que su amor. No lo culpo: no es fácil experimentar la tragedia de Job y seguir amando a su creador. No es fácil abrazar el amor y el sufrimiento, pero es necesario hacerlo si de verdad queremos experimentar la felicidad. Hoy, mis enemigos, mis contrincantes, los que se visten de púrpura y de negro y los que creen conocerme porque me vieron frente a frente, se juntan para saber a qué o a quién apuntar, y así, con ese supuesto golpe, herirme.

Hoy mis enemigos políticos —los burgueses, los que solo acumulan riqueza y los que se sienten amenazados por mi nacimiento político— creen que, con esos ataques o esas acciones, me callarán o me detendrán. Creen que soy de hule o que mi corazón está en el poder o en el dinero; ellos no aman al pueblo peruano, sino a su dinero, a su sistema, que les permite además de explotar y esclavizar a nuestro pueblo, seguir siendo los amos ante los que debemos humillarnos o someternos para que nos regalen migajas. ¡Cuánta necedad y cuánta estupidez!

Aquí está el cura mestizo que será presidente del Perú por la fuerza de Dios expresada en el mandato popular. Aquí está el que aprendió a amar eligiendo y no sintiendo. Aquí está el que no le debe ni un sol a la jerarquía eclesiástica. Aquí está el que decidió ayudar a un joven gay asumiendo todos los riesgos e incluso su fama, su honor, su honra y su futuro.

Aquí está el que se sometió a la justicia y esta lo encontró inocente. Aquí está el que decidió amar una y otra vez. Aquí está el que podrá ser el pecador más grande del mundo, pero jamás pactará con la deslealtad ni la infidelidad. Aquí está el que retó al partido político más antiguo, que es la jerarquía de la institución católica. Aquí está el que, de 260 kilos, hoy, contra todos los pronósticos y sin operación alguna, pesa 89. Aquí está el que va por la segunda edición de su novela *Reus*. Aquí está el que ahora escribe inspirado en un artista. Aquí está el que vuelve a empezar a darse la oportunidad de amar sabiendo que va a sufrir la necesaria y liberadora libertad.

Aquí está el que juró amor como lo hizo Alejandro Magno. Aquí está el que cruzará el Rubicón junto al pueblo peruano para liberar el Perú. Aquí está el sacerdote que jamás dejará de serlo, aunque los hombres lo quieran, porque quien me eligió y consagró fue Dios.

Aquí seguirá estando el que busca sin cesar a su Hefestión perdido en el sueño más bello que los griegos pudieron contar. Aquí está el que todo lo que se ha propuesto lo ha logrado. Aquí está el que para su muerte quiere, como Alejandro Magno, ser cargado por los científicos, con las manos fuera del féretro y que vayan regalando en los funerales cualquier riqueza que pudiera adquirir.

Audentes fortuna iuvat.

Toma de Lima I[13]

Para el que se atreva a revisar nuestra reciente historia no le cabrá ninguna duda de que el viejo Manuel González Prada cobra valor y actualidad. Todos pensaron que, después de la guerra con Chile, nuestra patria iniciaría una verdadera construcción de su identidad y, por ende, de nuestra peruanidad. Esto nunca pasó, porque nunca se quiso ni se permitió. Lo que vino después de la guerra del Pacífico, en 1879, fue un desastre; se trató de una época en la que nos gobernó la peor escoria política que el Perú pudo parir y terminó por gangrenar todo.

13 Bazalar García, L. (2023, julio 7). Toma de Lima I. *Diario Uno*, pp. 12-13.

Antes de concluir el siglo XX, el Perú creyó en un nipón que mintió y llegó con un pasado delincuencial (evasión de impuestos de sus propiedades y malversación en la Universidad Nacional Agraria). El fujimorismo no solo se enquistó, sino que lo pudrió todo y en escalas jamás imaginables. De ahí que el viejo González Prada, con total autoridad pueda, desde el más allá, seguir diciendo en el aquí y ahora: «Hoy el Perú es un organismo enfermo: donde se aplica el dedo brota pus» (*Pájinas libres*, p. 152).

Han pasado treinta años desde que se aprobó de forma fraudulenta una macabra y diabólica Constitución que, al mismo tiempo, encumbró un sistema que ha terminado por cercenar, aún más, nuestras ya conocidas brechas sociales. Treinta años en los que se ha silenciado, amordazado, intimidado, ocultado y asesinado a un pueblo que, si bien es mestizo, no ha renunciado, ni podrá renunciar jamás, a sus costumbres amazónicas, andinas y costeñas. Ni siquiera el magno inca Túpac Yupanqui, al quechuizar el Imperio incaico, consideró o intentó arrasar nuestra diversidad. Costumbres que las élites burguesas han querido desterrar y exterminar. Sin embargo, como bien dice González Prada: «Más queda el indio, pues trescientos o cuatrocientos años de crueldades no han logrado exterminarle. ¡El infame se encapricha en vivir!» (*Pájinas libres*, p. 209).

En diciembre del año 2022, por orden de la dictadora, genocida, mentirosa, pérfida y traidora Dina Boluarte, las fuerzas armadas emprendieron la más brutal carnicería humana que podemos recordar en las últimas décadas de nuestra historia reciente. Casi cien hermanos asesinados y masacrados con fusiles AKM, con disparos directos a la cervical, al cráneo, pulmones y corazón. Niños, mujeres y paramédicos; adolescentes, jóvenes y ancianos; campesinos, indígenas y ambulantes asesinados a sangre fría.

¿Quiénes son los que han integrado las fuerzas armadas que llevaron a cabo tal orden? ¿Burgueses, ricos, empresarios o hijos de empresarios; hijos o nietos de los cuatro dueños de los bancos que también son dueños del Perú? No. Ellos solo se preocupan de flagelarse o de asistir diabólicamente a misa los domingos para acallar una conciencia que ya está cauterizada por la maldad y la abominación de su espíritu; ni siquiera la sentencia de Pablo les calza.

Los que han integrado como siempre los escuadrones de la muerte han sido miembros de la clase trabajadora; proletariado uniformado; los hijos del pueblo. Han sido los nietos y bisnietos de esos mismos hijos de la patria olvidada, los que recibieron la orden de matar. Fueron los mismos hermanos provincianos que, por un miserable bono de éxito, se les compró la conciencia para hacer que maten a su misma sangre, a su mismo hermano y, así, se cumpla lo que Paulo Freire, en su obra *Pedagogía del oprimido*, dijo hace 53 años:

> En la medida que las minorías, sometiendo a su dominio a las mayorías, las opriman, las dividan y las mantengan divididas, tendrán las condiciones indispensables para la continuidad de su poder. No pueden darse el lujo de aceptar la unificación de las masas populares, la cual significaría, sin discusión, una amenaza seria para su hegemonía. De ahí que toda acción que pueda, aunque de manera débil, proporcionar a las clases oprimidas el despertar para su unificación es frenada de inmediato por los opresores a través de métodos que incluso pueden llegar a ser físicamente violentos (p. 156).

Hoy estamos a doce días de la tercera «toma de Lima» y si no estamos organizados, disciplinados y constituidos, en un solo puño, fracasaremos. Si no hacemos caso a las advertencias de los grandes politólogos —o del también filósofo peruano, Ricardo Milla Toro, en su artículo *Violencia revolucionaria* (publicada en Columna filosófica este mismo diario el martes)[14]— terminaremos peor que Francia. Y es que «la violencia revolucionaria tiene que ser planeada, organizada, estructurada, pues de otro modo nada más crea un caos donde las burguesías aprovecharán para aplastar al movimiento proletario».

14 Ver Milla Toro, R. (2023, julio 4). Violencia revolucionaria. *Diario Uno*, p. 5.

La protesta nacional para el 19 de julio es legítima, justa y necesaria, pero no significará nada ni se obtendrá nada si es que se les permite a advenedizos colgarse o utilizar nuestra indignación social y generalizada para intentar enarbolar una bandera caudillista o mesiánica como otrora hicieron las decenas de caudillos y dictadores que solo traicionaron al pueblo peruano una vez que se hicieron del poder. Estos falsos mesías, que luego de hacerse del poder mostraron sus taras y traumas, ocultas de forma deliberada, de querer ser los nuevos ricos y los opresores de turno.

Audentes fortuna iuvat.

Toma de Lima II[15]

¿Hablamos de levantarnos en armas y generar una guerra civil supuestamente legítima contra un gobierno asesino, nefasto, inepto e incapaz? No. Llamamos a la organización del pueblo para la protesta popular.

Aunque se nos dijo que con la salida del presidente Pedro Castillo el Perú volvería a la normalidad, ¿cuándo ha estado normal el Perú? ¿Le llaman normalidad a que los mismos burgueses, banqueros y empresarios de la gran burguesía sigan acumulando, masacrando, oprimiendo y asesinando con salarios de miseria a los 30 millones de peruanos? ¿La normalidad es ganar 1050 soles y que con ese sueldo tengan que vivir 7 u 8 miembros de una familia que no tiene casa, agua ni desagüe, seguro de salud ni de despido?

¿Nuestros campesinos, agricultores, obreros, pescadores, profesores, ambulantes y emprendedores no son los que por más de doscientos años han hecho ricos a los que creyeron que apoderarse del Perú es cuestión de color, clase social o de designio divino? ¿No hay racismo en nuestro país? ¿No se han robado todo y aún vienen por más aquellos que juraron defendernos y gobernarnos? ¿Cuántas mesas de diálogos en estos últimos treinta y tres años se han instalado para, al parecer, escuchar el clamor del pueblo y luego se han transado con los inversionistas pasando sobres por debajo de la mesa o, como hicieron Montesinos y Fujimori, con rumas de rumas de dólares puestas encima del escritorio

15 Bazalar García, L. (2023, julio 14). Toma de Lima III. *Diario Uno*, pp. 6-7.

(claro, ahora son más sofisticados que hasta usan y apuestan por las monedas de Binance que es uno a uno en USDT)?

Me preguntan: ¿qué tiene que ver Alberto Fujimori, la señora Keiko y su familia con nuestro desastre social de hoy? ¿Nos hemos olvidado de que se privatizó todo por precios miserables y de burla? ¿Nos hemos olvidado de que se asesinaban a los dirigentes sindicales, se torturaban a los que discrepaban o se descuartizaban a los líderes de izquierda? ¿Hemos olvidado que Toledo prometió construir el segundo piso del gobierno de Fujimori? ¡Y vaya que se construyó una mansión! ¿Hemos olvidado que el Perú le dio una segunda oportunidad a Alan García y, en vez de hacer respetar nuestra soberanía, pasó el sombrero a los empresarios para que estos nos regalen migajas? ¿Hemos olvidado que Ollanta Humala nos ofreció orden, dignidad, nacionalismo y empodeíento del Estado frente a la inversión privada, y, sin embargo, no fue el cosito de la señora Nadine Heredia, que a su vez la compró la Confederación Nacional de Instituciones Empresariales Privadas (Confiep)?

Se nos llama terroristas y subversivos por intentar salir este 19 de julio a la tercera toma de Lima. ¿Hemos olvidado que el Perú le dio la posibilidad de ser nuestro presidente al más grande lobista de su historia republicana? ¿Hemos olvidado que decían: «PPK no va a robar ni a defraudar porque es rico y ya tiene dinero suficiente»? ¿Qué pasó? Lo mismo de siempre: el que tiene quiere más porque así funciona la lógica del mercado capitalista y neoliberal. Nunca hay espacio para el otro, menos para la justicia social, pues para ellos el dinero y el mercado son su dios. Esa es su lógica, nauseabunda y putrefacta, pero su lógica, al fin y al cabo.

Se nos ha amenazado con detenernos si salimos este 19 de julio hacia Lima, porque vamos a atentar, supuestamente, contra el orden establecido de los ricos, de los burgueses, de los que han dominado, humillado y sometido a un pueblo con una historia milenaria. ¿Acaso hemos olvidado a Martín Vizcarra que, después de traicionar a PPK y pactar con el fujimorismo, tuvo el peor desempeño de la pandemia en el mundo? ¿Hemos olvidado que murieron más de 250 mil peruanos por falta de oxígeno mientras él y su ministra Mazzetti se habían vacunado a escondidas y al amparo de la noche, cual ejemplo del maestro Nicodemo que fue a buscar a Jesús con temor y temblor al amparo de la oscuridad?

¿Hemos olvidado el papel de la prensa limeña, la prensa burguesa, aquella que, desde Simón Bolívar, solo defiende los intereses de sus dueños? ¿No son acaso aquellos periodistas esclavos y siervos de los que, sentados en las mejores playas en Miami o desde las mansiones en las Casuarinas, dirigen el libreto para sostener un sistema que se desmorona y se extingue como las heces en los desagües más hediondos de cualquier muladar?

¿Hemos olvidado que hubo obispos, como el beato monseñor Óscar Arnulfo Romero, que nos recordaron que las fuerzas socialistas y de izquierda son las fuerzas del pueblo y que su legítima violencia puede ser el fruto de la cólera de esa injusticia social? Lo que hoy el sistema llama izquierda y terrorismo, lo que hoy Dina Boluarte, el comandante general Gómez de la Torre, el Congreso cloacal y los empresarios burgueses, juntos con la prensa mercenaria, llaman izquierda y terrorismo es, en realidad, el pueblo; es en realidad la organización del pueblo y su reclamo son los reclamos del pueblo, porque no hay mayor terror para la burguesía que un pueblo organizado.

¿Hemos olvidado que los derechos que hoy vuelven a ser recortados se obtuvieron a sangre y bala? ¿Hemos olvidado que las ocho horas, que ya nadie respeta en el Perú, se obtuvieron luego de largas horas de lucha? ¿Hemos olvidado que los derechos de las mujeres, de las minorías, como los de la comunidad gay o afro, de los trabajadores, no se consiguieron pidiendo por favor y con permiso? ¿Hemos olvidado que la conquista de un país laico —realidad que, en la práctica, en el Perú no se respeta— es un bien necesario para la salud del Estado? ¿Acaso hemos olvidado, en suma, que todas las conquistas laborales y de clase se han logrado con la lucha organizada y contestataria en las calles, muchas veces con violencia, pero no violencia gratuita e infantil? ¿Qué derecho ha conquistado el hombre sin la lucha organizada del pueblo? Ninguno. La lucha organizada es condición necesaria para alcanzar avances de dignidad para las clases trabajadoras y los grupos marginados.

Al andino, al amazónico, al provinciano que vive en Lima —casi nueve millones, si es que no somos más—, al cholo de la Costa, al negro y al extranjero que habita en nuestra tierra, como los que ahora nos toca estar fuera; a todos se nos ha tratado como esclavos y como sirvientes, cuando en realidad somos dignos, somos personas, porque nuestra dignidad personal está sustentada en nuestra libertad.

La toma de Lima no es apoderarnos de la capital para someter y castigar al que por 222 años nos ha sometido, humillado o lacerado. La toma de Lima no es la lucha entre buenos y malos. La toma de Lima es un grito de libertad y de esperanza hacia el mundo para recordarle que somos el imperio del Sol al que se nos robó la paz; es el grito de Túpac Amaru II cuando fue descuartizado y hoy volvemos a ser millones. La toma de Lima es el justo reclamo contra la derecha que vive a expensas de la injusticia social cometida hacia nosotros. La toma de Lima es nuestra denuncia al mundo y contra el imperio mundial de Occidente que nos ha inyectado una ideología, desde los medios hasta las redes sociales, con la que nos manipulan y controlan, haciéndonos creer que solo bastaría el seudoprogreso del país enmarcado en cifras para que vivamos como zombis de consumo.

La toma de Lima es decirle a Occidente que hoy abrazamos una economía comunitaria y mixta al estilo de nuestros hermanos chinos, en la que no ven a su prójimo como un rival. La toma de Lima es una reflexiva y justa exigencia de querer tener una forma de economía centralizada y planificada —una vez más, aprendiendo del estilo del socialismo con características chinas, pero con la consigna de construir nuestro propio socialismo con características hispano-andinas— y abandonar la quimera del libre mercado, porque ha quedado demostrado que siempre fue mera ilusión y fantasía. Como bien sabemos, son las grandes empresas las que siempre han planeado y siguen planeando por completo los mercados. Esa mano, en apariencia invisible, ha quedado al descubierto demostrándose que tiene nombre, apellido e intereses egoístas y macabros.

La toma de Lima es decirle al mundo que no queremos más un sistema económico, social y político que beneficia nada más a una única clase —la burguesía— y sus lacayos —policías, empresarios, pequeñoburgueses, terratenientes, perros traidores de la clase trabajadora, esos que dicen que irán a marchar, a pesar de estar «en contra» del gobierno.

En último término, la toma de Lima es un rechazo total, radical y para siempre al dogma teológico neoliberal. No es casual que en la actualidad el imperio yanqui intente, con desesperación y a como dé lugar, que los medios de producción se mantengan como propiedad de la clase capitalista-burguesa; de ahí su odio para con nuestros hermanos chinos.

El Perú tiene derecho a elegir, de manera libre y soberana, su política económica, sus políticas internacionales, su manera de coexistir, convivir y relacionarse con sus hermanos.

¡La toma de Lima de este 19 de julio es libertad y esperanza de verdad y para siempre!

Este es el Perú que sueño, quiero y haremos juntos, para que con los más de treinta millones de peruanos construyamos la patria grande, esa patria que por más de doscientos años debió ser levantada, construida y amada. Hoy, juro por mi sangre mestiza que, en mi participación de la toma del 19 de julio, transformaremos el Perú como lo hizo Pachacútec, Huayna Cápac y, sobre todo, Túpac Yupanqui.

¡Viva la clase trabajadora de la Costa, los Andes y la Amazonía! ¡Viva el Perú, esta vez de verdad!

Audentes fortuna iuvat.

Con nuestro pueblo en la tercera toma de Lima[16]

Ayer, como prometí muchos días atrás desde el exilio —exilio forzado fuera de la patria por culpa de esta dictadura, obligado a pedir asilo político al hermano país de Venezuela—, ahora que he vuelto, estuve con nuestro pueblo, con ese Perú marginado y olvidado, con nuestros hermanos provincianos que lo único que hacen es recordarnos que la justicia social es una deuda histórica en nuestra patria. Ayer, una vez más, pude constatar en las calles, en la plaza San Martín y también en sus alrededores, el amor de un pueblo que siempre se salvará así mismo en la unidad.

Cada estación de metro, cada calle y cada lugar eran lugares donde pude conversar con cada uno de nuestros hermanos que nos acompañaban en la marcha. Podía sentir cómo expresaban su amor, su ternura y su agradecimiento hacia este servidor suyo.

¿Por qué me agradeces si en verdad eres tú a quien me debo? ¿De qué me agradeces si tú eres el pueblo encarnado? ¿Qué me agradeces si yo decidí darte mi vida? ¿De qué me agradeces si por lo general tenemos una deuda en la que ni siquiera con nuestra vida podremos pagar?

Esta es la razón por la cual no hemos visto ni tampoco hemos querido ver las figuras evangélicas y cristianas a través de los tiempos; aquellos que nos han mostrado el camino verdadero de cómo se debe seguir a Cristo en los hermanos. Pastores y

16 Bazalar García, L. (2023, julio 21). Con nuestro pueblo en la tercera toma de Lima. *Diario Uno*, pp. 6-7.

verdaderos hombres; ángeles de carne y hueso que, como Cristo, han pasado su vida haciendo el bien. ¿Cómo poder olvidar a monseñor Romero en El Salvador, asesinado por las fuerzas reaccionarias? ¿Cómo poder olvidar al cardenal Helder Cámara en Brasil, que fue filósofo, teólogo, sacerdote y, al mismo tiempo, defensor de un pueblo marginado en las favelas? ¿Cómo olvidar a Antoni de Mello que, siendo jesuita, desafío el *statu quo* y marcó una gran diferencia? ¿Cómo olvidar al padre Arens, en Perú, que muchas veces nos habló del Jesús histórico y del Cristo de la fe? Este sacerdote marianista nos recordó que el verdadero Jesús es en realidad uno con nosotros al caminar con su pueblo. ¿Cómo olvidar, en aquel momento, a monseñor Bambaren? ¿Cómo olvidar a todos aquellos sacerdotes en el campo, a tres mil, cuatro mil y cinco mil metros sobre el nivel del mar, que dan su vida por el pueblo, que no tienen nada más que a su propio pueblo, y ahí encuentran a Cristo? ¿Cómo olvidar a los religiosos que, dejando su patria, vienen al Perú y luchan por nuestro pueblo en la Amazonía, en el Ande y en las periferias de la Costa? ¿Cómo olvidar a las religiosas que en el silencio trabajan con los más necesitados y más pobres?

La labor que tienen los líderes políticos en este momento, para nuestra sociedad, es imitar y mejorar a estos ejemplos que he mencionado.

Necesitamos rehacer nuestra peruanidad, necesitamos construir nuestra identidad y para ello debemos escuchar al pueblo.

Ayer, en la toma de Lima, marchamos y, sin miedo, le dijimos al mundo que no queremos más muertes, no queremos más asesinatos ni más violencia ni mucho menos más masacres, como las perpetradas por esta vil dictadura cívico militar. ¡Casi cien peruanos asesinados con brutalidad! Pero ayer en las calles había un solo sentir y un solo latido: váyanse todos, queremos libertad. Váyanse todos, queremos construir la patria grande. Váyanse todos, queremos y necesitamos una Asamblea popular Constituyente para una nueva Constitución. Desde esta perspectiva, esta columna la dedico a todos y todas, a cada uno de los peruanos y peruanas, mis hermanos y hermanas, que ayer no dejaron nunca de abrazarme, besarme y agradecerme por estar con ellos.

Dios bendiga el Perú. Dios permita nuestra unidad porque, como dijo Ricardo Palma: «El que no tiene de inga, tiene de mandinga». Somos mestizos, somos una raza milenaria, somos un cuerpo orgánico que ha sufrido el maltrato y la explotación de parte los nuevos grupos de poder. Nos referimos a los nuevos grupos de poder financieros, sí, estos grupos de poder que han estado siempre y, a través de las artes camaleónicas, han sabido mimetizarse: una clase propietaria que usa nuestro país para saquearlo, robarnos y hacerle creer al pueblo que eso trae bienestar. ¡Bienestar para el bolsillo de los mezquinos burgueses!

Sin embargo, a través de la unidad, al estilo del pensamiento de Bolívar y del pensamiento de San Martín, siguiendo el sendero que nos señaló nuestro Amauta José Carlos Mariátegui, una vez más podemos decir, junto a Tupac Amaru II y Micaela Bastidas: «¡Hemos vuelto y somos millones!».

¡Abajo la dictadura de la asesina y el carnicero! ¡Cierre del Congreso! ¡Por una nueva Constitución! Asamblea.

¡Vivan las luchas del pueblo! ¡Viva la clase trabajadora! ¡Viva el Perú!

Back to black[17]

Muy pronto se cumplirán doce años de la muerte de Amy Winehouse y hace mucho le ofrecí una columna. Hoy, después de una noche que no pintó como esperé, me adentro en la vida de este genio musical.

En mi columna anterior hablé sobre el amor, lo que este era y lo que al mismo tiempo implicaba. Sin miedo a equivocarme, la artista Winehouse lo entendió siempre, pues supo experimentar y abrazar la angustia, el dolor y el desgarro lento, pero inexorable, de su inmenso corazón, al ver que su amor —a quien acompañó incluso en el incomprendido proceso de la adicción a las drogas— prefiriera a otra chica y no a ella. Supo además acompañarlo,

17 Bazalar García, L. (2023, s. f.). Back to black. *Diario Uno*, s. p.

esperarlo y hacer de él un héroe en el silencio, es decir, en la soledad de la noche en donde incluso las gárgolas despiertan para atacar al malvado y acechar a nuestros propios demonios.

He podido analizar cada frase de la canción *Back to black* («De vuelta al negro», a lo oscuro o a lo sombrío) y con cada letra se aprecia un corazón estrujado, lacerado y herido mortalmente. Esta canción a la que nos estamos refiriendo puede ser escuchada no solo desde el amor de pareja, sino incluso desde el amor para con todo un pueblo, un pueblo que se estruja y se quiebra al verse herido y decepcionado cuando los que deben cuidarnos y conducirnos al bien común y a la justicia social eligen la acumulación exorbitante del capital a expensas del trabajo del pueblo, esto es, deciden irse con la traición, la deslealtad y el estiércol de sus más bajos intereses.

En varios momentos se escucha y se lee que la artista ha muerto cien veces. ¿No es esa la condición inexorable cuando nos adentramos en el mundo del amor: morir cien veces? ¿Acaso no es verdad que quien decide amar no sabe que también puede no ser correspondido? ¿Acaso el que se enamora y luego decide amar no sabe que es la libertad la que siempre debe permanecer para que tal sentimiento sea puro, sano y eterno? ¿Acaso el desenlace del verdadero amor no entraña el ser rechazado? Winehouse lo supo siempre y por eso para morir cien veces tuvo que nacer otras cien también.

Aquí está la clave. Este es el código secreto del amor, a saber: quien pretenda amar debe saber que morirá y tendrá la oportunidad de volver a elegir a nacer y renacer, si es necesario, incluso, desde las cenizas como el ave fénix. ¿Estamos dispuestos a ello? ¿Estás dispuesto a amar de verdad y de esta manera? No lo digan tan rápido. No respondan tan a la ligera. Mediten su respuesta. Deliberen sus capacidades. Este tipo de amor solo está reservado para los magnos, para los excelsos de corazón y para los que han tocado el fuego del gran Prometeo. Cuando la noche no pinta como uno espera; cuando el cielo nos brinda un horizonte sin astros y sin lumbreras, porque pareciera que todo acabó, siempre existe la posibilidad de ver el destello de una estrella fugaz y decidir recomenzar todo de nuevo.

Esto es lo que anima el espíritu de los terrícolas; esto es lo que nos distingue de cualquier otro ser, es decir, esa posibilidad de volver a decidir renacer. Es muy fácil y chato pensar en el amor como el mero gusto de los cuerpos, como el deseo casi envenenado del que se centra en la estética corporal y no en la estética del alma. ¿Es este un reproche o una expresión que revela dolor, resentimiento o amenaza? No, para nada. Es la expresión de dolor y de reclamo para que quienes, teniendo, frente a frente, a seres bellos por fuera y por dentro, no hayan sabido cuidar y amar sempiternamente.

Como lo dije ayer, en esa noche que no pintó bien, es desgarrador saber que quien te encontró no te supo amar y valorar. No importa. Siempre que morimos cien veces, podemos, volvemos y debemos elegir vivir otras cien, puesto que, como Alejandro Magno, no pararemos hasta encontrar a nuestro verdadero Hefestión. Aquel que se enamoró del alma y de la casi divinidad de su único e insuperable Alejandro. Aquel que sufrió en el silencio las travesuras de Alejandro. Aquel que supo que amar implicaría sufrir y muchas veces morir. Ese es mi mundo, ese es el mundo que busco y quiero. Ese es el mundo al que no pararé de buscar, como no descansó el gran Ulises por regresar a Ítaca. Feliz aquel héroe que luchó por regresar. Yo aún ni siquiera lo he encontrado, pero sé que está y también me busca.

Hoy, como ayer para Winehouse, volvemos al negro. Hoy volvemos a ese color que no es color, pues no es otra cosa que la privación de la luz, luz en la que uno puede ser o no ser porque nadie nos ve. El negro crespón del espíritu no es otra cosa que el paso necesario para volver a renacer y volver a brillar como desde la eternidad hoy brilla la voz de este genio musical. La muerte jamás tendrá la última palabra, al menos no para los que confiamos en Dios, por eso es que jamás el espíritu se conforma con la derrota.

Es verdad que pudimos perder en esta noche que no pintó bien, como en muchas otras que han pasado, pero es hoy también verdad que la aurora que nos empieza a cobijar es anuncio que se empieza a caminar, una vez más, porque camino se hace al andar.

Audentes fortuna iuvat.

Apocalipsis del capitalismo en Zom 100[18]

Vamos a explicar un poco qué ocurriría después de la desaparición del capitalismo, teniendo en todo momento de base y guía el anime *Zom 100.*

El personaje principal de esta profunda serie animada es Akira, sin embargo, podría haberse llamado también Kutu (nombre acuñado por Arguedas en *Warma kuyay,* publicado en 1933).

Este muchacho, Akira, acaba de graduarse y ha seguido al pie de la letra los consejos del capitalismo:

> Esfuérzate, no seas resentido ni sucio como los socialistas que, además de ser vagos, sucios y resentidos, envidian el progreso de los demás. Tú no, Akira, tú no. Si sigues el consejo capitalista, llegarás muy lejos, aunque puede que tardes treinta o cuarenta años.

Resulta que en su primer día de trabajo se da cuenta de que su mundo empezó a derrumbarse al ver que el sistema era opresor y esclavizante. No importaba el espíritu o la trascendencia, sino la mera explotación.

Akira empezó a sentir, en carne propia, cómo el capitalismo le chupaba su juventud, sus fuerzas, sus ilusiones, sueños y libertad. En una palabra: sentía que cada día y en cada momento de su vida era succionado por un sistema que se regocijaba en su

---

18 Bazalar García. L. (2023, agosto 4). Apocalipsis del capitalismo en *Zom 100. Diario Uno*, pp. 6-7.

obesidad mórbida acumulativa del mero capital. Por si esto fuera poco, Akira pensó en reclamar, protestar y quizá sindicalizar a sus demás compañeros trabajadores para que las condiciones fueran mejores (algo así como lo que venimos haciendo en Perú desde el diciembre pasado y con casi cien hermanos masacrados por el gobierno ilegítimo de la señora Boluarte). Sin embargo, el amo o jefe de la empresa le dejó claro que el reclamo solo traería mayor dureza represiva y mayor ira en las políticas de la empresa.

Después de tres años, ya Akira ni siquiera recuerda la última vez que se bañó, está crónicamente cansado, se comporta como un zombi y su vida entera funciona por inercia. La vida laboral, corporativa y capitalista lo ha dejado inanimado, sin alma, sin vida; ya ni tiene tiempo. En síntesis, está muerto en vida, aunque el sistema lo aplaude porque ha seguido al pie de la letra la receta mágica, pura, eterna y natural del capitalismo. En el interior de Akira una voz no lo deja:

> Esfuérzate más, más, mucho más. Haz más rico al capitalista, ya llegará tu turno para que seas libre, rico y también te conviertas en esclavizador. No te detengas, no seas vago ni resentido, no seas como los socialistas que ni les gusta trabajar y solo quieren vivir del Estado. Tú no, Akira, tú no.

No es mi intención expropiar este anime que acaba de salir al mercado, pero hasta aquí podemos ver las verdaderas entrañas diabólicas y macabras del sistema capitalista que no le importa nada ni nadie, tan solo su sucio capital para seguir engordando y matando de hambre al 99 % de la población mundial.

Al cabo de tres años, Akira despierta y se da cuenta de que todo resplandece, que el cielo se llena de luz y los colores cobran vida. Resulta que ha empezado el apocalipsis zombi, es decir, empieza a entender que sus amigos, vecinos, y demás seres humanos se han convertido en zombis vivientes y ahora se trata de salvarse de ellos porque al parecer no hay otra salida.

Lo trágico, desolador y catastrófico es que se nos estaría proponiendo, en el anime *Zom 100*, como alternativa, una vida en la que todo está en peligro y que al parecer de ninguna forma podemos escapar. Esto ni es vida ni así tampoco podría haber jamás libertad.

En este momento me viene a la memoria la gran frase de Slavoj Žižek: «*We are horny for the apocalypse*» («Nos excita pensar en el apocalipsis»). ¿Por qué? Porque se nos ha amaestrado, inoculado y manipulado por siglos, de manera inconsciente, que es más fácil imaginar la desaparición total del mundo, el fin del mundo, en vez de pensar siquiera en el fin del capitalismo.

Pareciera que nuestra condición, histórica, política, social, económica, cultural y religiosa, imposibilitaría superar este sistema asqueroso, ruin y despiadado como lo es el capitalismo. Es como si ni siquiera se nos pasase por la cabeza rebelarnos en un trabajo para buscar uno mejor porque lo único que conseguiríamos es otro tan opresor, esclavizante y represor como el anterior. ¿Cuántos millones de peruanos no nos vemos dibujados en el Akira de *Zom 100* o en el Kutu de Arguedas?

Hoy no vivimos, sino que sobrevivimos. ¿Cuántos jóvenes en nuestra patria han soñado como Akira y luego ven que nuestro Perú solo es para los que tienen mejores condiciones por haber sido hijos de la gran burguesía financiera, es decir, de los grupos que controlan el capital de los bancos e industrias?

¿Cuántos millones de compatriotas que nacieron sin nada por más de doscientos años se sienten como Akira y piensan que, por más que se esfuercen en trabajar sin descanso, jamás serán parte de la burguesía burocrática, es decir, de los Acuña, Luna, Añaños, Wong, etc., quienes hicieron su fortuna presuntamente con ilícitos?

No todo está perdido en el Perú, como sí para Akira en el anime del *bucket list of the dead* (pues su nombre completo sería «Lista de muerte: 100 cosas que quiero hacer antes de convertirme en un zombi»).

Hoy nuestro país ha despertado. Hoy el Perú tiene clara conciencia de que, para poder alcanzar la transformación de su destino, debe construir su propia identidad a través de un nuevo pacto social. Hoy queremos industrializar nuestra patria y queremos nacionalizar nuestros recursos naturales como sin temor lo ha hecho México (y aquí, en nuestro país, lo hizo el fundador del Partido Civil, me refiero a Manuel Pardo, un político de la derecha ilustrada que declaró al Perú en bancarrota y nacionalizó nuestro salitre; claro que luego lo mataron, pero supo anteponer los intereses de la patria a sus intereses personales. Hoy, hemos vuelto y somos millones. Hoy no pensaremos en un apocalipsis, sino en la construcción de una patria grande en la que quepamos todos y que todos seamos escuchados).

Audentes fortuna iuvat.

Peregrinación por el sur andino. Cara a cara con el pueblo trabajador de Puno[19]

El día miércoles 9 de agosto llegué a Juliaca. Prometí estar en Puno y lo cumplí, como también cumplí estar con nuestro pueblo en las marchas contra el régimen cívico-militar de la dictadora Dina Boluarte, luego del exilio obligado que viví fuera de la patria.

19 Bazalar García. L. (2023, agosto 11). Peregrinación por el sur andino. Cara a cara con el pueblo trabajador de Puno. *Diario Uno*, pp. 6-7.

Desde que llegué, el pueblo juliaqueño no paraba de abrazarme y besarme. La población se acercaba y me decía: «Padre, prometiste y cumpliste», «Padre, tenga cuidado», «Padre, no nos traiciones porque creemos en ti». En ese momento, me embargó de alegría el corazón y también experimenté el amor de un pueblo que quiere libertad y dignidad. Nuestros hermanos puneños, desde la gratuidad de su corazón, han sabido llenar mi alma de amor y de esperanza.

Después de haber recorrido Azángaro, Sandia, Juliaca, Ilave y Samán, puedo corroborar que nuestra indiferencia, nuestra apatía y abandono en la política ha hecho que las dos grandes burguesías (la burocrática y la financiera) hayan secuestrado nuestra patria. Ellos, como buenos capitalistas, buscan acumular capital para sí mismos, para su clase social, pues, ¿qué es el capitalismo sino el modo de producción donde solo unos pocos son dueños de todo y todos?

Hago un llamado desde aquí, desde la tierra de Carlos Oquendo de Amat, de Gamaliel Churata, de Santiago Giraldo, desde el altiplano puneño, para levantar nuestra voz y gritar de forma enérgica que no podemos dejar a su suerte a nuestro país, a merced de las grandes burguesías. No podemos olvidar que quien se desentiende de la política pone el presente y el futuro de nuestras vidas en las manos de los más sanguinarios que la historia guarda en su memoria.

No tendremos presente ni futuro si no apostamos por la unidad de todo el pueblo trabajador. La patria la construyen las clases trabajadoras y sobre esa identidad clasista debemos buscar la unidad. ¿Unidad nacional? Jamás. ¿Por qué nos uniríamos con los dueños de las grandes empresas que ganan millones a costa del trabajo de las grandes mayorías? ¿Acaso los explotadores son en realidad nuestros compatriotas? La unidad de la patria debe pasar por la unidad de la clase obrera por medio de una propia identidad. Nuestro futuro y presente depende de dicha unidad para salvar a nuestro país de los saqueadores burgueses y sus esbirros.

Si no tomamos conciencia de que los trabajadores somos la mayoría, que formamos una clase social única, pues con nuestro trabajo creamos riqueza, entonces nuestro país se seguirá desangrando y seguiremos en colapso total. Para resolver esto, tenemos que apostar por una nueva Constitución en la que podamos estructurar nuestra identidad, metas y objetivos en cuanto pueblo trabajador peruano.

Debemos apostar por la nacionalización de nuestros recursos naturales estratégicos como el litio y nuestros hidrocarburos. Solo desarrollando nuestras fuerzas productivas, por medio de la industrialización, por ejemplo, es como podremos aprovechar toda la riqueza potencial que tiene nuestro país.

La industrialización de la patria es insustituible para la verdadera justicia social.

Hijos míos, hermanos y hermanas, oren muchísimo por mí.

Audentes fortuna iuvat.

La espada forjada: una alegoría de la política peruana[20]

De la adversidad al triunfo: la transformación de un pueblo en busca de su destino

El viaje de una pieza de hierro

En el corazón de una galería de lujo, donde las joyas y artefactos resplandecen con una luz única, se encontraba una pieza que parecía no encajar. Esta galería, conocida por su refinamiento y exclusividad, albergaba piezas que eran el testimonio del arte y la habilidad de un anciano maestro forjador. Cada creación suya era una obra maestra, única en su esencia y diseño.

Sin embargo, entre estas maravillas, había una pieza de hierro, oscurecida por el óxido y el paso del tiempo. A simple vista, parecía haber perdido su propósito, relegada a tareas menores como sujetar puertas o servir de pisapapeles. Esta pieza, sintiéndose menospreciada, olvidó su valor intrínseco y el potencial que albergaba.

Un día, en un momento de desesperación, la pieza interpeló al anciano: «¿Por qué me ignoras? ¿Por qué me dejas en el olvido, lejos de las vitrinas resplandecientes de la galería?».

20 Bazalar García. (2023, agosto 25). La espada forjada: una alegoría de la política peruana. *Diario Uno*, pp. 6-7.

El anciano, con una mirada profunda y sabia, respondió: «¿Qué aspiras a ser? ¿Deseas simplemente ser otra joya en esta galería?».

La pieza, con voz temblorosa, replicó: «Estoy cansada de ser menospreciada, de ser vista como un objeto sin valor. Quiero ser reconocida, sentirme valiosa».

El anciano, con paciencia infinita, reiteró su pregunta, instando a la pieza a reflexionar sobre su verdadero deseo. Tras un intercambio intenso y revelador, la pieza comprendió al final que no bastaba con querer ser valorada; debía decidir qué quería ser en realidad.

Con renovada determinación, la pieza expresó su deseo de convertirse en una espada, fuerte y hermosa. El anciano, reconociendo la decisión firme de la pieza, accedió a su petición, no sin antes advertirle sobre el arduo proceso de transformación que enfrentaría.

A través del fuego, el martillo y la prensa, la pieza fue sometida a pruebas y desafíos. Pero con cada golpe y cada llama, su forma cambiaba, revelando su verdadero potencial. Por último, emergió como una espada magnífica, adornada con gemas preciosas y con un filo inigualable.

Esta espada, que una vez fue una pieza olvidada, se convirtió en el orgullo de la galería y en una inspiración para todas las demás piezas. Su historia era un testimonio de la transformación y el poder del autodescubrimiento.

En una galería de joyas y artículos de lujo, cada pieza cuenta una historia. Pero, ¿qué hace que una pieza sea especial? En el Perú de hoy, nos encontramos en una encrucijada similar, buscando nuestra identidad y propósito en medio de desafíos políticos y sociales.

La pieza de hierro en nuestra historia, al principio despreciada y relegada a tareas menores, es una representación del pueblo peruano. A menudo, hemos sentido que somos pasados por alto, que nuestras voces no son escuchadas, que nuestras preocupaciones no son atendidas. Pero, al igual que la pieza de hierro, tenemos un potencial latente, esperando ser descubierto y forjado.

El anciano maestro representa la sabiduría ancestral de nuestra nación, recordándonos que no es suficiente nada más querer ser reconocidos o valorados. Debemos tener una visión clara de lo que queremos ser y estar dispuestos a enfrentar las adversidades para lograrlo. La política peruana, con sus altibajos, ha sido ese fuego y ese mazo que nos ha moldeado, a veces con dolor, pero siempre con un propósito.

La transformación de la pieza de hierro en una espada majestuosa es un recordatorio de lo que el Perú puede lograr cuando se une con un propósito claro. La espada, con su borde afilado y su empuñadura firme, simboliza la fortaleza y determinación de un pueblo que, a pesar de las adversidades, sigue adelante. Las piedras preciosas que adornan la espada representan la rica diversidad cultural y natural de nuestro país, que es nuestra verdadera fortaleza.

El rey que empuña la espada es el líder que el Perú necesita: alguien que reconozca el valor de su pueblo, que lo guíe con sabiduría y que lo defienda con valentía. Es un llamado a nuestros líderes políticos actuales y futuros a ser dignos de la confianza que el pueblo les ha otorgado.

Al final, la historia nos invita a reflexionar sobre nuestro papel en la construcción de un mejor Perú. No podemos ser meros espectadores. Debemos ser protagonistas activos, decididos a marcar la diferencia y a forjar nuestro destino. Como dice el proverbio latino: *Per aspera ad astra* («A través de las adversidades, hacia las estrellas»). Es hora de que el Perú alcance las estrellas.

El juicio moral, al final del día, pertenece solo a Dios. Pero la responsabilidad de construir un país más justo, equitativo y próspero recae en cada uno de nosotros.

La nueva era de la política peruana: el pueblo al mando[21]

Por generaciones, el Perú ha sido testigo de una clase política que, más veces de las que quisiéramos contar, ha fallado en su deber más sagrado: servir a su gente. La historia nos muestra promesas incumplidas, corrupción enquistada y decisiones tomadas en salones cerrados, lejos de la realidad palpable de nuestros hermanos y hermanas que cada día luchan por un futuro mejor.

Cada elección ha sido un ciclo repetitivo de esperanzas renovadas que, al final del quinquenio, terminan desvaneciéndose en la bruma de la desilusión. Sin embargo, no debe ser así. La política no es, ni debería ser, una herramienta de unos pocos para beneficiarse a costa de la mayoría. La política es el vehículo por medio del cual un país decide su destino, y ese vehículo debe ser conducido por el verdadero protagonista de esta historia: el pueblo peruano.

Nuestra historia política ha demostrado que, con independencia de ideologías, lo más importante es la conexión con el pueblo y su bienestar. En mi candidatura, no me presento como un simple representante de un lado del espectro político, sino como un defensor de la necesidad de reformar la forma en que hacemos política. Mi visión es la de un Perú donde el poder en verdad radica en la gente, donde cada voz cuenta y donde juntos,

---

21 Bazalar García. L. (2023, septiembre 1). La nueva era de la política peruana: el pueblo al mando. *Diario Uno*, p. 7.

sin importar nuestras diferencias, construyamos un país más justo y próspero.

Nuestra nación está repleta de potencial: riquezas naturales, una diversidad cultural envidiable y, sobre todo, una población resiliente y trabajadora. Pero este potencial solo puede ser aprovechado si nos liberamos de las cadenas de una política tradicionalista y excluyente.

Hoy, hago un llamado a cada peruano y peruana a que juntos construyamos un Perú donde el pueblo no sea un mero espectador, sino el director de su propio destino. Conmigo al frente, buscaremos crear espacios de participación ciudadana, impulsaremos leyes que promuevan la transparencia y la rendición de cuentas, y trabajaremos de manera incansable para que cada decisión tomada tenga en su corazón el bienestar de nuestra gente.

El camino no será fácil. Las fuerzas del statu quo harán todo lo posible por mantener sus privilegios. Pero estoy convencido de que, con el apoyo y la fuerza del pueblo, no hay barrera que no podamos superar. Ha llegado la hora de un Perú donde el pueblo, de verdad, decida sus destinos. Juntos, haremos historia.

Resonancia magnética de la política del Perú[22]

Análisis profundo de los desafíos actuales y las urgencias de cambio

Somos testigos de que, en los últimos nueve meses, la situación política se ha agravado, y quienes más sufren son aquellos que solo tienen su fuerza de trabajo. Los precios de los alimentos están por las nubes y la clase política está en la estratósfera.

La delincuencia y la violencia en las calles se han convertido en los nuevos amos del Perú, ante la pasividad de un gobierno inepto, incapaz y sin brújula. El peruano común pierde cinco horas diarias en un tráfico caótico e infernal. ¿A alguien le importa? ¿Alguien se pregunta por qué el proyecto de Siguas y Majes lleva esperando cincuenta años? ¿A alguien le preocupa la contaminación y el desastre del lago Titicaca o lo que debemos hacer con el litio en Puno?

Nos falta un verdadero apoyo a la ganadería y a la agricultura, junto con la tecnificación. La contaminación minera de lagos y ríos, por actividad minera grande e informal, coexisten en una realidad dialéctica. Debemos erradicarla y asegurar una minería responsable alineada con el pueblo y su hábitat. ¿A alguien le preocupa la contaminación del río Ramis? ¿Qué podría

---

22 Bazalar García, L. (2023, septiembre 8). Resonancia magnética de la política del Perú. *Diario Uno*, pp. 12-13.

importarles si nuestra selección de fútbol pacta con la empresa Repsol que, en tres oportunidades, ha dañado nuestro mar y nuestros cardúmenes?

Es necesario construir e implementar institutos tecnológicos a nivel nacional para demostrar que Perú necesita tecnificación de manera urgente. Es esencial construir carreteras que unan todos nuestros pueblos y comunidades, aprovechando las rutas ancestrales del Qhapaq Ñan, para facilitar el transporte de lo que producen nuestros campesinos tanto a pequeña como a gran escala. Debemos construir represas para almacenar agua y crear irrigaciones en temporadas secas.

Renegociaremos los contratos de ley, las concesiones y las explotaciones mineras para que los porcentajes sean más beneficiosos para el pueblo mientras consultamos sobre una nueva Constitución. Los programas de vivienda deben ser dignos y accesibles para la gente más necesitada del Altiplano, la Selva y la Costa desértica.

Buscaremos mejorar la calidad educativa con la participación de la sociedad civil en su conjunto, revalorando la carrera docente con capacitaciones, actualizaciones de competencias y mejoras salariales. Eliminaremos la corrupta estructura de la Derrama Magisterial que descuenta, sin consentimiento y en alianza con el Estado, más de 220 soles mensuales a los maestros, sin rendir cuentas a nadie.

Después de visitar Juliaca, he observado que hay mucha industria informal y, al mismo tiempo, mucha creatividad. Con una política de Estado, podríamos transformarla en el Silicon Valley del Altiplano, convirtiéndola en un centro de producción industrial tecnificado. Es imperativo construir un sistema educativo acorde con el avance científico y tecnológico que propone el nuevo orden mundial y los desafíos de la inteligencia artificial.

La estructura decadente del Estado peruano debe ser transformada, pero lo más urgente es cambiar la obsoleta Constitución de 1993, que ampara y protege a los corruptos y malhechores de nuestra clase política y los grupos de poder económico. No temeremos dar ese paso, como lo hizo Chile, a pesar de ser un país más liberal que Perú. Bajo el pretexto de la estabilidad jurídica, se ha comercializado y protegido el robo y saqueo de nuestros recursos naturales. Todo este sistema de injusticia está resguardado por la Constitución del dictador Fujimori, pero esto será transformado con la ayuda del pueblo.

Aspiramos a ser socios e inversionistas estratégicos desde el Estado con aquellos inversores que no buscan solo explotar nuestros recursos, sino colaborar para beneficio mutuo. Pondremos los ferrocarriles al servicio del pueblo peruano, sobre todo en las zonas altoandinas, mientras construimos el tren de la Costa y los trenes de cercanía. Renegociaremos las concesiones mineras para obligar a las empresas a crear centros tecnológicos junto a sus centros de explotación, garantizando la producción de circuitos y cables eléctricos, promoviendo así la innovación y las oportunidades para nuestros técnicos y científicos. Cambiaremos la Ley de Minería para que estas empresas reinviertan sus utilidades en ciencia y tecnología.

Construiremos más represas y no permitiremos que Arequipa siga paralizada por el proyecto de Majes y Siguas. El estrés hídrico global es un tema del que nadie habla, y Perú no está preparado para los desafíos que el futuro nos presenta. Al enfrentar este reto, garantizaremos nuestra soberanía alimentaria y el suministro de agua para nuestro pueblo. La metástasis de la corrupción será erradicada mediante una completa reforma de la Policía Nacional del Perú y las Fuerzas Armadas, con el objetivo de eliminar la delincuencia en cien días.

Hay tantas cosas que se podrían haber hecho, pero debido a la ambición y la corrupción arraigada en un sistema como el capitalismo, se ha instaurado la mentalidad de que se puede perjudicar a nuestro pueblo con total impunidad.

En nuestro gobierno de la patria grande, refundaremos nuestra República y seremos en verdad libres.

Jayaya Perú. Kau-sachun Perú.

La delincuencia y la policía en el Perú[23]

¿De qué han servido los estados de emergencia en San Juan de Lurigancho, Sullana y demás localidades? De nada, absolutamente de nada, ni servirán para nada. Escribo esta columna desde el comedor de mi casa, aprovechando el domingo, día en que los cristianos reconocemos la necesidad de agradecer a Dios todo lo que nos da. Sin embargo, ¿qué podría agradecer nuestra nación, el día de hoy, si hace ocho meses asesinaron a más de setenta de nuestros hermanos andinos y, hoy, pese a este estado de emergencia, han vuelto a asesinar, en Villa María del Triunfo, a dos mujeres de nuestro pueblo, una de ellas vendedora ambulante de golosinas?

La Policía Nacional del Perú, a través del servicio de inteligencia, ¿no sabe dónde están esos desgraciados y anatemas, los delincuentes? ¿Tan defectuosa es la PNP? ¿O desde cuándo lo saben y por qué no hacen nada? La respuesta es evidente y obvia. La respuesta la sabe y la sufre nuestro pueblo obrero y trabajador de esta Lima, que solo se le usa para la ostentación de las élites y que jamás ha sido el recinto de la unión y la interrelación. La mayoría de las fuerzas del orden, empezando por la mayoría de la Policía Nacional del Perú, se ha prostituido, presuntamente pactando con los delincuentes, haciendo negocios millonarios

23 Bazalar García, L. (2023, septiembre 29). La delincuencia y la policía en el Perú. *Diario Uno*, pp. 6-7.

desde las planillas delincuenciales que garantizan su protección e impunidad.

¿La corrupción solo está en el Ejecutivo y en el desastroso Congreso? Manuel González Prada, en su obra *Propaganda y ataque*, señalaba que «el Perú es un organismo enfermo: donde se aplica el dedo brota pus». Hoy, después de más de 135 años, nuestra patria ya no es un organismo enfermo, hoy es un cadáver. Donde cualquiera que se lo escudriñe o se aproxime, es devorado por el estiércol y la basura más hedionda de los peores muladares. No somos una sociedad zombi, somos una nación en la que nuestra «clase» política, empezando por el gobierno del dictador Fujimori, ha logrado, a través del sistema capitalista, mercantilista y explotador, que nuestro pueblo abrace, desee y exija la coprofilia. Pero tan mentada «clase» política, que parásita del Estado, no es sino un agente que sí que opera a favor de los intereses de una clase en particular: la gran burguesía.

No habrá ninguna medida que no sea mero humo, mera fantasía y agente distractor, frente a lo que el Perú, nuestra patria grande, necesita.

Debemos emprender una reforma revolucionaria inmediata, de urgencia y sin asco, de todo el aparato estatal, de los tres poderes: Ejecutivo, Congreso y Poder Judicial; de las Fuerzas Armadas y la Policía Nacional, el Ministerio Público, la Defensoría del Pueblo, el Tribunal Constitucional y la Junta Nacional de Justicia. En suma: una refundación de nuestra patria. Si no lo hacemos de inmediato, caeremos en una guerra civil infernal y perderemos del mismo modo la última luz de esperanza que nuestro pueblo tiene para su liberación social, económica, moral y, sobre todo, política. El uso que la «clase» política actual, mafiosa y delincuencial, ha hecho del sistema democrático ha servido de manera exclusiva a los poderosos, a los gobiernos de turno y a todo el que ha ostentado u ostenta un mínimo de poder. El clan político sirve a la gran burguesía, no al pueblo trabajador.

Por ello, la clase obrera, en alianza con los campesinos, debe tomar conciencia de sí misma en cuanto clase y luchar con mayor intensidad por una nueva Constitución. Tenemos, podemos y vamos a refundar nuestra República peruana, y eso solo se logrará con una Asamblea Constituyente.

Audentes fortuna iuvat.

La condena del hombre[24]

Si para Sartre el hombre está condenado a ser libre, porque siempre debe elegir, para Fernando Savater, el hombre tiene una condena distinta y que, a la vez, lo libera. El hombre, según Sabater, debe lograr ser en verdad humano, es decir, debe afincarse y lograr alcanzar lo que Píndaro sostuvo en el 518: «Llega a ser tú mismo», es decir, llega a ser verdadera y plenamente humano en el aquí y ahora.

Nuestra especie, según la visión del filósofo español, no es un producto acabado como lo es cualquier otro objeto, ente o ser que nos rodea. El ser humano se recrea y se perfecciona en su interrelación con el otro desde la necesidad impostergable del aprendizaje y la educación, porque somos los únicos que estamos abiertos y necesitados de nuevos saberes.

El valor de la educación, obra de Savater, muestra que en el reconocimiento y constatación de nuestra ignorancia emana esa otra necesidad de saber y querer que los demás también sepan; esa gran diferencia entre el hombre y los objetos, es decir, esa necesidad de perfeccionamiento, que solo se logra con el aprendizaje en la educación, no puede darse en el egoísmo del mero yo, sino en la necesaria y virtuosa interrelación con el otro sujeto. Es en este choque y encuentro donde surge ese afán universal por educar. En una frase, podríamos decir que la verdadera causa de los lazos sociales y la misma sociedad humana es la necesidad de educar.

Llegados aquí, cabe preguntarnos si algo pudiese sustituir al aprendizaje. Algunos podrían decir que lo único que puede sustituir

---

24 Bazalar García, L. (2023, octubre 6). La condena del hombre. *Diario Uno*, pp. 6-7.

la educación y el aprendizaje es el amor. Sin embargo, esto significaría que no han sabido distinguir entre lo que es el hombre y lo que en serio lo mueve. El hombre es y está condenado a hacerse; el amor posibilita y potencia el aprendizaje, pero jamás puede sustituirlo.

El destino del hombre, en último término, no es la cultura, ni la sociedad en sentido institucional, sino los semejantes, porque es en los demás, es los y con los otros, como el hombre puede y debe buscar su realización y plenitud. Según el cristianismo, es en el hermano que encontramos a Dios; para Sabater, es en el otro y con el otro donde encontramos nuestra humanización y libertad.

Empero, todo lo dicho hasta aquí suena muy bien, tan bueno como para ser verdad, y es que está a un nivel muy abstracto aún. La educación y el aprendizaje no se dan fuera de las condiciones materiales y sociales de una sociedad dada. La necesidad de educar depende de las circunstancias en la que nos vemos inmersos. Por eso, los discursos tanto de Sartre como de Savater parten de un deseo aún abstracto.

La educación y la cultura no son otra cosa que despliegues de la base material de la economía política. No de la economía a secas, del burdo dinero, sino de la planificación social-política de los bienes escasos. El modo de producción en el que nos encontramos —el capitalista— signa de modo inevitable qué tipo de educación se tiene y a qué fines apunta. Por eso, cultura, educación y aprendizaje no ocurren en las buenas intenciones y en la mente nada más, sino que son expresiones ideológicas de la base económico-política.

¿No es acaso la educación escolar, técnica y universitaria, una preparación para ser un buen obrero o un buen administrador de obreros, esto es, la educación no es una instrucción para los individuos que participarán en un lugar específico en el proceso general de la producción capitalista?

Visto así, nuestra condena está en la clase social a la que pertenecemos. No es que estamos condenados a elegir en un abanico infinito de posibilidades, como se le suele interpretar a Sartre, sino que estamos condenados a elegir entre dos opciones: o vender nuestra fuerza de trabajo a un capitalista (o autoemplearnos) o morir de hambre. Esa es la gran libertad a la que nos empuja el libre mercado. Esa libertad es una verdadera condena que impide al hombre su verdadera realización.

Por eso, para una educación humanista integral, en la que el ser humano no sea tomado como una mercancía, solo puede darse fuera del modo de producción capitalista, pues es en él donde todo lo que toca se hace mercancía, se vuelve un efectivo valor de cambio que circula. ¿Qué es la educación superior sino el modelaje de una mercancía para que sea más preciada en el mercado laboral? ¿Qué es el trabajador sino una mercancía que usa la educación para ser más valioso y paguen más por él?

Así, no queda otra conclusión que, para lograr nuestra plena realización personal y social, se vuelve necesario salir de la caja, del capitalismo, e ir al socialismo, donde se vaya rompiendo esa lógica del capital y la mercancía, de que todo apunte a una generación de productos donde el dueño recibe todas las ganancias. En la patria grande que anhelamos tendrá que haber socialismo, porque sin socialismo estamos condenados a esta educación y aprendizajes basados en la desnuda y fría mercancía.

El Niño y la negligencia estatal: una tormenta perfecta para el norte del Perú[25]

El gobierno y el Congreso, cómplices de la desidia, agravan la vulnerabilidad de nuestra economía y población

El fenómeno de El Niño, recurrente pero predecible, vuelve a amenazar a nuestro país. Sin embargo, lo que debería ser una alerta para la acción se ha convertido en un escenario de inacción y desidia por parte del gobierno y el Congreso. Las regiones del norte, las más afectadas en la historia, están de nuevo en la mira de este fenómeno y las cifras son alarmantes: Piura, Ucayali, La Libertad, Lambayeque e Ica con millones en riesgo.

Las inundaciones y deslizamientos de tierra, que ya han dejado huellas imborrables en el pasado, se perfilan otra vez como amenazas inminentes. Y aunque la Comisión Multisectorial Enfen ha señalado que El Niño continuará hasta el verano de 2024, la preparación y respuesta adecuada por parte del Estado sigue siendo una deuda pendiente.

La pregunta que resuena en las calles es: ¿qué han hecho el gobierno y el Congreso al respecto? Las acciones son insuficientes

25 Bazalar García, L. (2023, octubre 13). El Niño y la negligencia estatal: una tormenta perfecta para el norte del Perú. *Diario Uno*, p. 7.

y descoordinadas. Se han identificado más de quinientos puntos críticos en regiones como Tumbes, Piura, Lambayeque, La Libertad, Áncash, Lima e Ica. Sin embargo, ¿dónde está el plan de acción?, ¿dónde está la inversión necesaria para proteger a nuestras comunidades?

El pueblo, la verdadera esencia y motor de nuestra nación, clama por un cambio. No es suficiente con identificar los riesgos, es imperativo actuar. La justicia social, pilar fundamental de una sociedad equitativa, demanda que se priorice el bienestar del pueblo sobre cualquier interés burocrático o político. No podemos permitir que, una vez más, la combinación de un fenómeno natural y la incompetencia gubernamental destruya vidas y sustentos.

Es hora de que el gobierno y el Congreso dejen de ser espectadores pasivos y se conviertan en actores proactivos en la protección de nuestro pueblo. El norte del Perú no solo merece más, exige más. Exige un gobierno y un Congreso que lo protejan, que inviertan en su futuro y que actúen con la urgencia que la situación demanda. Juntos, fortalecidos por la solidaridad y la unidad, enfrentaremos los desafíos y construiremos un Perú más resiliente y justo para todos.

Tarapoto, Séneca y la suerte[26]

Hoy me encuentro con nuestro pueblo de la selva nororiental en el departamento de San Martín

Hemos decidido acompañar a nuestros hermanos amazónicos para constatar sus necesidades, ver y palpar sus sueños truncados por décadas y para llevar su voz al epicentro del debate religioso, político, social y económico del país.

Séneca, el gran filósofo romano, sostuvo que la suerte se daba ahí donde se juntaban la preparación, el estudio, la disciplina, el esfuerzo y la oportunidad. ¿Qué ha pasado para que nuestra clase política no solo olvidara de que la Selva es parte insustituible e inseparable de la patria grande que llamamos Perú? ¿Acaso nuestros hermanos amazónicos no se han esforzado y preparado para ser parte de los que puedan tomar decisiones en las ligas mayores del Ejecutivo? ¿Acaso no son nuestros mismos hermanos amazónicos los que velan, cuidan y han visto miles de oportunidades al dar su apoyo y voto a los distintos políticos, que lo único que han hecho es burlarse y tildarlos de ciudadanos de segunda clase?

Hoy recorro el proyecto del puente Tarata que lleva paralizado quince años. ¿Qué sentiría y qué haría el vecino miraflorino si le cerraran el parque Kennedy por quince años? ¿Qué haría el vecino de San Isidro o el de Rinconada si le cerraran El Olivar o el acceso a su laguna?

¡Qué necesario, urgente y determinante es rescatar el valor del gran inca Túpac Yupanqui! Además de que quechuizó y

26 Bazalar García, L. (2023, octubre 27). Tarapoto, Séneca y la suerte. *Diario Uno*, p. 7.

unificó el imperio del Tahuantinsuyo, supo también respetar la diversidad y el amor a la naturaleza enclavada de la Selva.

Si hoy visito con mi equipo la selva nororiental es porque nuestro pueblo clama que se le escuche, defienda y salve. El Perú no puede estar de espalda, con su indiferencia e inercia, a los únicos pulmones con los que cuenta para el resto de nuestras generaciones.

Hoy, desde Tarapoto, Moyobamba, Juanjuí y Rioja, hago un llamado a nuestros hermanos de Lima para que despierten y vean la gran oportunidad de unirnos y sacarnos a todos juntos de esta recesión, inflación y esclavitud por la que atraviesa nuestra patria.

Si nos esforzamos, si nos dedicamos a despertar nuestras conciencias, si hacemos el esfuerzo de ver en el otro y en el prójimo a Cristo, entonces podremos derribar este sistema que solo enriquece a un grupo en desmedro de la mayoría del pueblo peruano.

Las élites de poder siempre han pensado en acumular. Para los grupos de poder el Perú es y seguirá siendo su copa llena del vino más caro y lo que sobra podrán beberlo, si ellos así lo deciden, los amazónicos, los andinos y los costeños.

¿A esto le podemos llamar patria? ¿Es esta la patria grande con la que cada niño, adolescente y joven de nuestras tres regiones sueña? Entonces, no solo es cuestión de criticar, sino que ha llegado la hora de incendiar las conciencias para identificar con claridad al enemigo: la clase propietaria, la burguesía. Sabiendo que la burguesía es el enemigo de las clases trabajadoras, podremos lograr que sus esbirros, los políticos, en cuanto a grupo parasitario, sea exorcizado, convertido y arrasado.

Los «nadies» del Perú[27]

Mientras lees esta columna intenta meterte en el mundo de los «nadies», sí, esa patria que es nuestro Perú, pero que ha sido secuestrada por los que dicen ser «alguien» y que callan a los otros porque no tienen idioma, sino —desde su ignorancia burguesa— «dialectos».

Los «nadies» son esos casi treinta y tres millones de personas, trabajadores con sus familias, que viven oprimidos, esclavizados y engrilletados al sistema capitalista que solo acumula y

27 Bazalar García, L. (2023, noviembre 3). Los «nadies» del Perú. *Diario Uno*, p. 7.

que, al embotarse, tiene arcadas de bilis y vomita la poca comida aún no digerida para los que siendo todo les llaman los «nadies». Sí, ellos, los «nadies», son la fuerza de trabajo y con la misma enriquecen a los de apellidos extraños y piel distinta.

Los «nadies» son los que hacen artesanía y el capitalista los usa para las fotos de turismo. Son los que abarcan más del 60 % del territorio patrio y apenas el 4 % de sus productos alimenticios llegan a la Costa y casi nada de ese 4 % sale al extranjero. Sí, esos son los «nadies», efectivamente, los de la Selva peruana. ¿Son los únicos? No, claro que no. Hay a los que, atravesando toda nuestra patria, con su cordillera, gastronomía y costumbres, se les ha matado, asesinado y masacrado. Sí, ellos, los «nadies» del Ande a quienes usan como animales de carga y que han intentado exterminar, pero, como lo denunció hace más de cien años González Prada, «el infeliz se resiste a morir».

¿Esos son los únicos «nadies»? No, claro que no. Aún nos quedan los «nadies» de toda la Costa peruana, sí, los «cholos-nadies»

cuya piel es comparada con el color de la puerta cobriza; ellos, los «cholos-nadies» que creen en los banqueros, en la burguesía financiera y en los grupos de élite, porque les dan trabajo.

Nuestro país tiene treinta y tres millones de «nadies» y solo para una cosa los usan en la política, una vez cada cinco años: para mantener los privilegios de clase de sus patronos burgueses.

¿Este es el Perú de la patria grande que queremos? No, claro que no. Entonces es el momento de incendiar las redes, las conciencias informáticas, las conciencias de todos los que no son «nadies», sino que lo son todo, porque todos somos el Perú que ha despertado.

Esta es la hora de levantarnos, de despertarnos y de despertar al otro que no es otro «nadie», sino tu hermano liberado y redimido por la verdad de justicia social, que tanto predicó y promovió Jesucristo.

Camisea: entre la riqueza natural y el robo a nuestro pueblo[28]

En estos precisos instantes que lees mi columna semanal, me encuentro rumbo a Echarate, Megantoni y Camisea. Llegué a Cusco el miércoles 22 de noviembre pasado.

En el distrito de Megantoni yace una paradoja: es una zona rica en gas natural, pero, a la vez, una de las más olvidadas en términos de desarrollo y bienestar social. El contrato de exportación de gas de Camisea ha generado un notable fraude al Estado peruano, resultando en pérdidas millonarias en regalías y dejando a comunidades de Megantoni y al Cusco en un estado de abandono, a pesar de su riqueza natural.

La exportación del gas de Camisea, que comenzó en los primeros años del siglo XXI, se ha visto envuelta en irregularidades desde sus inicios. Los contratos de exportación, en especial con Repsol y la Comisión Federal de Electricidad (CFE) de México, se firmaron bajo términos perjudiciales para el Perú. Una cláusula crucial de indexación del precio del gas natural al de un sustituto equivalente en petróleo, común en este tipo de contratos, estuvo ausente, lo que resultó en enormes pérdidas económicas para el Estado. Las regalías pagadas al Estado peruano fueron calculadas sobre precios de contrato artificialmente bajos, agravados por una fórmula *netback* arbitraria que inflaba los costos incurridos en transporte y procesamiento.

28 Bazalar García, L. (2023, noviembre 24). Camisea: entre la riqueza natural y el robo a nuestro pueblo. *Diario Uno*, p. 7.

Analizando el periodo desde 2011 hasta 2017, se estima que el Estado peruano perdió unos US$ 1056 millones en regalías. Proyectando esta pérdida hasta 2023, considerando las mismas condiciones contractuales y el mercado global de gas, las pérdidas podrían ascender a cerca de US$ 1800 millones, una cifra alarmante que refleja la magnitud del fraude y la mala gestión de recursos naturales.

La ironía de Camisea es evidente en Megantoni, donde la riqueza natural del gas no se ha traducido en desarrollo para sus habitantes. Las comunidades locales enfrentan un acceso limitado a servicios básicos como salud, educación e infraestructura, a pesar de vivir sobre un tesoro natural. El contraste entre la riqueza subterránea y la pobreza en la superficie es un recordatorio de las promesas incumplidas y la necesidad urgente de una distribución más justa y equitativa de los recursos.

Esta situación nos revela, una vez más, lo lesiva que es para la nación la Constitución espuria de Fujimori, pues consagra en el altar del mercado a los contratos ley. Estos contratos no los puede modificar nadie. Un grupo reducido de personas decide el contenido de los contratos ley y ni el soberano puede cambiar ni una coma. No se me malentienda: no es el contrato ley lo que está mal, sino la Constitución de 1993, que hace intocables tales contratos.

De ahí la urgencia por cambiar esta Constitución hecha en dictadura.

La Asamblea Constituyente es la única vía legal eficaz para tener nuevas reglas de juego políticas para que, desde una nueva carta magna, podamos construir el Perú que deseamos, donde todos participemos en el rumbo de la patria y no unos cuantos señores de saco y corbata en el centro de Lima a espaldas del pueblo. Es hora de unir fuerzas para exigir una Asamblea Constituyente.

¿Todo está hecho una mierda?[29]

En la última semana, y con mayor propiedad, en estas últimas horas, nuestro pueblo es testigo de una guerra sin cuartel entre los dos grupos de poder que durante más de cincuenta años se han apropiado de nuestro futuro.

Por un lado, el grupo de poder representado por la banca y el sector financiero se niega a dejar de controlar el último bastión que le queda, es decir, la Junta Nacional de Justicia (JNJ). Por el otro lado, los nuevos ricos que, desde 1993, con la Constitución del dictador Fujimori, se hicieron de un «nombre» y se convirtieron en los nuevos burgueses a partir del contrabando, el narcotráfico, el lavado de activos y el blanqueamiento de capitales.

Ambos grupos vienen luchando y destruyendo todo lo que encuentran a su paso, sin importarles el sufrimiento y la pobreza de nuestro pueblo. A los burgueses —a los grupos de poder ya mencionados— no les importa el pueblo. Es más, a los grupos de poder el pueblo les da asco y lo consideran un mal necesario para seguir enriqueciéndose.

En este contexto, la única salida es la refundación de nuestra República desde el verdadero amo que es el ciudadano de a pie. No se me malinterprete, no me estoy refiriendo solo a nuevas elecciones de inmediato, me estoy refiriendo a tener una nueva Constitución. Este nuevo pacto social debe ser expresión directa de las comunidades campesinas, amazónicas y costeñas a nivel nacional. Sin nueva Constitución, el sistema capitalista terminará

29 Bazalar García, L. (2023, diciembre 1). ¿Todo está hecho una mierda? *Diario Uno*, p. 7.

por devorarse la última esperanza que tiene nuestro pueblo peruano. Sin una nueva Constitución, el Perú tendrá que entrar inexorablemente en una guerra civil porque las brechas y la injusticia social son un pecado mortal que no podemos seguir tolerando.

Como última reflexión, queda mencionar a dos colectivos que desde su promiscua actuación quieren salvarse de la condena social. Me refiero a la élite religiosa de los obispos y a la prensa hegemónica y mermelera.

El primer grupo ha demostrado que, como evangelio, no tiene el mensaje del Jesús histórico, aquel que vino para destruir los esquemas y las estructuras de injusticia y pobreza, sino que tiene como consigna y evangelio a su capital y al gobierno de turno que les garantice su sobrevivencia, como lo vienen haciendo desde el concilio de Nicea en el siglo III. En una palabra, la gran mayoría de obispos son como las putas que no les importa entregar lo que sea de su cuerpo a cambio de que no se le elimine sus privilegios de clase. Estos obispos de esta élite de poder no creen ni en la vida eterna ni en el castigo divino. Su dios es el dinero.

Por último, tenemos a la prensa hegemónica que, desde 1821 y hoy más que nunca, ha construido historias falsas y en favor de su grupo de poder para aplastar al pueblo y mantenerlo en la miseria más absoluta, en lo material e intelectual. Hoy, esta misma prensa hegemónica de Lima controla el 82 % de los medios y construye narrativas en las que hace ver que su grupo de poder financiero es mejor que el grupo de poder de los nuevos ricos. Esta prensa es peor que los putos o *gigolos* del mercado, porque no responde nada más a un precio, sino que es capaz de vender su alma y revenderla a su contrario si esto le permite perennizarse en su clase social hegemónica.

Tenemos que reconstruir nuestra nueva patria grande, como lo hizo san Francisco de Asís cuando Jesús le dijo que reconstruyera su Iglesia.

Los traidores a la patria[30]

¿Hemos olvidado lo miserable y de mierda que fue el dictador y genocida Fujimori al vender más de cincuenta mil fusiles a los de la FARC, mientras en nuestra patria mandaba a asesinar a socialistas y dirigentes sociales? ¿Eso no califica como traición a la patria? ¿Qué nos ha detenido para no fusilarlo?

Nos dicen los reaccionarios: «Señor, por favor, usted debe agradecer que, gracias al nipón cobarde que renunció desde el extranjero, abandonando a su familia, la economía se arregló».

¿Acaso los gobernantes y, con más propiedad, el Presidente del Perú, que es el primero, no son empleados públicos y servidores del pueblo? Entonces, ¿por qué carajos le tengo que agradecer a un corrupto, psicópata y traidor? ¿Hasta cuándo tendremos que

30 Bazalar García, L. (2023, diciembre 8). Los traidores a la patria. *Diario Uno*, p. 7.

seguir con la cabeza sometida y mirando al extranjero como mejor que nosotros? Eso es lo que ha buscado siempre el sistema capitalista al arrancarnos nuestra historia e identidad.

¿No es traición a la patria que cinco bancos hayan destruido las posibilidades de progreso de los treinta y dos millones de peruanos en más de cincuenta años? ¿Por qué el sistema financiero en el Perú está cerrado, como los cónclaves en los que participan y votan la mayoría de cardenales mafiosos, en Roma? ¿Un Mamani, un Catari, un Pichilingue o un Quispe pueden crear un nuevo banco en el Perú? No. Eso revela, una vez más, que la caca y lo putrefacto también le han carcomido el espíritu, si alguna vez lo ha tenido, a la banca peruana. El sistema financiero o, como lo llama atinadamente Juan Pablo Ballhorn, la gran burguesía financiera, maneja a un grupo de congresistas para garantizar su poder en el Estado peruano.

¿Será así? Sí y mil veces sí, ¿y quiénes son su jauría de perros sarnosos que llevan más de veintitrés años con las mismas narrativas, enquistados y mamando la teta del Estado? Nada menos que la misma basura de los caviares, operadores políticos de esa burguesía financiera.

¿Qué queda entonces? ¿Por qué, si son traidores a la patria, no se les ha fusilado? Porque solo se les mata y se les masacra a los andinos, amazónicos y a los de la Costa y Lima provinciana que no pertenezcan a la élite de los ricachones. Nunca a un poderoso; jamás a un Miraflorino y mucho menos a un Romero o a un Belaunde.

Por eso es que ayer salí a marchar y lo seguiré haciendo para obtener la libertad de nuestro pueblo y así podamos tener una nueva Constitución donde el pueblo sea el verdadero amo en nuestra patria grande. Porque sí, la única salida a toda la putrefacción del Estado peruano es destruyéndolo todo y eso solo se logra mediante una Asamblea Constituyente amplia, popular, donde estemos todos representados y que atienda los intereses de las grandes mayorías, no solo de un grupito de ricos.

Epílogo para un sacerdote revolucionario, valiente y brillante

Esta recopilación de columnas de opinión escritas por el padre Luis Alejandro Bazalar García nos permitió reflexionar sobre la problemática social, política y cultural que vive Perú, a poco de haberse consumado el Bicentenario como República.

Hemos notado cómo, desde esa rebeldía que lo caracteriza, fiel a la verdad del Evangelio y al sincretismo de esta con corrientes de pensamiento liberadoras, cada palabra empleada guarda consigo un potente mensaje. Cual artista gráfico, se esfuerza en culminar con prolijidad su obra, el autor nos concede, acogiéndose a referentes filosóficos y procurando no sólo ofrecer una opinión, un componente docente en cada una de sus publicaciones. De esta manera imparte una más que necesaria, urgente, concientización al público, con la premisa del sustento argumentativo en sus afirmaciones.

Este material también expresó consistencia en las certezas de un autor converso, cuya venda liberal fue retirada para evidenciar las inequidades de un sistema cruel, injusto e inhumano. Aquellos que tuvieran dudas sobre la autenticidad de su actual caminar, habrán podido hallar en estos textos un contundente rechazo a esa serpiente que deambula por la política diciéndonos «no pases sobre mí», pero que, como también la ilustra la Palabra, nos tienta y nos aleja de la ruta evangélica. Será la sandalia peregrina del buen profeta, como aquel que constata realidades en tierras extranjeras y nos las enseña con sólidas pruebas, la que termine pisándola.

Seguirán viniendo más publicaciones y sacrificados pasos hacia el sueño presidencial para quien porta el cuello clerical, recordándole que toda gloria es siempre de quien lo colocó en esta misión y que será celestialmente recompensado si nos acerca ese Reino a nuestro, por ahora, infernal espacio terrenal. Ese sueño es de todo un pueblo vejado y olvidado por años, siendo el padre Luis el llamado a canalizar sus demandas.

Daniel Moretti

www.ingramcontent.com/pod-product-compliance
Lightning Source LLC
LaVergne TN
LVHW091323190726
843491LV00002B/543

* 9 7 8 6 1 2 5 1 4 2 2 8 3 *